图书在版编目（CIP）数据

这些年，我们一起抒写的星艺大爱／星艺装饰文化传媒中心编著．—广州：暨南大学出版社，2017.11
ISBN 978 - 7 - 5668 - 2193 - 5

Ⅰ.①这… Ⅱ.①星… Ⅲ.①建筑装饰业—建筑企业集团—概况—广东 Ⅳ.①F426.9

中国版本图书馆 CIP 数据核字（2017）第 231414 号

这些年，我们一起抒写的星艺大爱
ZHEXIE NIAN WOMEN YIQI SHUXIE DE XINGYI DAAI
编著者：星艺装饰文化传媒中心
··

出 版 人：徐义雄
责任编辑：胡艳晴　杜小陆
责任校对：邓丽藤
责任印制：汤慧君　周一丹

出版发行：暨南大学出版社（510630）
电　　话：总编室（8620）85221601
　　　　　营销部（8620）85225284　85228291　85228292（邮购）
传　　真：（8620）85221583（办公室）　85223774（营销部）
网　　址：http：//www.jnupress.com
排　　版：广州良弓广告有限公司
印　　刷：广州天虹彩色印刷有限公司
开　　本：787mm×960mm　1/16
印　　张：13
字　　数：235 千
版　　次：2017 年 11 月第 1 版
印　　次：2017 年 11 月第 1 次
定　　价：69.80 元

（暨大版图书如有印装质量问题，请与出版社总编室联系调换）

Content

2008年 汶川

有爱，有家，有星艺

抗震救灾，我们在行动

文 / 星编
摄影 / 星艺

　　"5·12"汶川大地震震撼整个中国，牵动了全国人民的心。灾难发生后，星艺装饰迅速做出反应，创始人余静赣（余工）亲自带领都江堰分公司员工赶往现场救援，聂文明等员工在废墟中救出 15 名被困灾民。不少星艺员工自发捐钱、捐物、献血、当志愿者……星艺装饰四川各分公司组织运送了近 30 万元的救助物资，深入重灾区都江堰、绵阳、德阳、绵竹救灾。与此同时，星艺装饰总部向全国各分公司发出一份向灾区募捐的倡议书，得到了星艺装饰员工的热烈响应，捐助总额超过 100 万元。抗震救灾，仁爱天下。我们用星艺人与社会心心相印的大爱，守望蜀地不屈的精神，为灾区人民重建家园奉献了绵薄之力！

赈灾义举

1. 星艺装饰第四批救灾物资即将送往灾区；
2. 在都江堰、德阳、绵竹修建简易学校三所，在绵阳安县修建星艺爱心小学一所，总价值 200 余万元；
3. 成立十个修缮小分队，提供房屋室内免费修缮服务（成都片区首批征集 200 套）；
4. 为受灾地区灾民解决 100 个就业岗位。

震后现场

大灾来袭，星艺积极赈灾

　　2008 年 5 月 12 日，正在成都某大学巡回讲学的星艺装饰创始人余工和四川人民一起经历了那场特大地震的侵袭。灾难发生后，余工没有逃避，而是带领星艺装饰四川都江堰分公司员工迅速赶往受灾严重的都江堰参加救援行动。在惨烈的救灾现场，余工和员工一道，抢救被困人员，安慰死难者家属，维持现场秩序。经过不懈努力，他们在废墟中救出了 15 名被困灾民。

　　与此同时，星艺装饰总部向全国各分公司发出了一份向灾区募捐的倡议书，得到了星艺装饰员工的热烈响应，一时间，公司员工纷纷捐款、捐物、献血、当志愿者……

　　5 月 15 日，星艺装饰四川公司在西南大区总经理程碧的带领下统一行动，组织调用了公司 16 辆工程车，满载着近 30 万元的急需救灾物资，分三批深入重灾区都江堰、绵阳、德阳、绵竹等地赈济灾民。截至目前，星艺装饰总捐助额已经超过 100 万元。

后来，他们又组织第四批灾区急需的灾后重建物资运往灾区，程碧深情地表示，星艺人将进行爱心接力，为灾区人民重建家园尽绵薄之力。

不仅如此，针对成都地区受地震影响造成的房屋裂缝，星艺装饰还充分发挥其专业特长，在第一时间迅速组建起十个房屋修缮小分队，对成都片区 200 套房屋进行房屋室内水、电、裂缝免费修缮。

星艺装饰用行动诠释了一个企业真诚的仁爱之心和强烈的社会责任感。

捐助巨资，修建爱心小学

在这场灾难中，引人注目的是，很多学校的建筑倒塌，许多孩子被埋在瓦砾下，他们的鲜血和生命牵动着举国上下每个人的心灵。面对这样的处境，星艺装饰倍感痛心。余工表示："我们和灾区人民都是一家人，要让世界知道中国设计人的力量，让灾区同胞早日住上'震不倒'的新居，让孩子们早日拥有'震不垮'的学校！"

程碧也表达了同样的心声："一定要让失去学校的孩子早日走进课堂，让灾区早日重现琅琅的读书声！"

星艺装饰总部捐资拟在都江堰、德阳、绵竹修建三所简易学校，在绵阳安县修建一所"震不垮"的爱心小学。据悉，捐资修建学校的总费用为 200 万元，目前已经开始实施。

实际上，星艺装饰对捐建学校如此重视，是与其一贯重视教育、扶助人才的思想意识分不开的。星艺装饰早在创立之初，便创立了一所设计艺术学院，为全国家居业培养了大量室内设计人才。星艺装饰 2007 年还捐资 20 万元，与西南交通大学环境艺术传播学院共同签约设立了"星艺助学金"，用于资助贫困生完成大学四年学业。"少年强则国家强"，星艺深谙此理。

提供就业，助灾民重建家园

这场巨大的灾难不仅让无数人失去了家园，失去了亲人，也失去了工作，失去了生活的依靠。尽管目前抗震救灾取得了阶段性的胜利，许多灾民得到了及时的生活救助和安置，但灾后重建的任务还比较艰巨。星艺装饰有关负责人指出，要使众多灾民尽早恢复生活的信心，尽早消除心理上的"余震"，尽早开始重建家园的行动，就必须给予他们更多长期的实际帮助，为他们提供更多自力更生的机会。

正是出于这样的考虑，星艺装饰果断决定，为灾区的人们提供首批100个就业岗位，并在自己的各分公司面向灾区招聘员工。

西南大区总经理程碧强调，考虑到灾区人民的实际困难，此次招聘还将打破该公司招聘中的惯例，在培训期间为他们提供必要的生活费。

市场总监李红梅表示，这些工作可以为受灾群众提供一个生活来源，提供一个生活支撑点，解决中长期的生活问题，有效地消除灾民心理上的"余震"。正所谓"送水不如送井"，灾区的同胞得到了这样的一口"井"，就可以喝到源源不断的"水"。

征集"爱心样板房"，以业主名义捐建博爱小学

在"六一"儿童节来临之际，星艺装饰在四川地区征集300套"爱心样板房"，将所得利润全部以业主的名义通过四川红十字会捐给灾区人民，用于建立一所"星

我们在一起

艺博爱小学"。同时，还向捐建学校的学生们捐献2 000个书包。

从5月29日起，在活动期间凡经星艺装饰装修的业主，装修费用在3万元以上的，星艺装饰会将该单装修业务所赚取的利润（平均3 000~5 000元／单），以业主的名义通过四川红十字会捐给灾区人民重建家园，计划建一所"星艺博爱小学"，并为业主记入功德榜提供相关爱心证明，将这一有意义的重大事件永远铭刻。星艺装饰四川地区的成都、绵阳、德阳、宜宾、南充、广元、泸州、乐山、达州、内江、自贡、攀枝花、西昌、资阳、遂宁等20多个分公司将全部参加此次活动，总共征集300套"爱心样板房"。程碧表示，希望这一系列爱心活动能为灾区的孩子们献上一份"六一"儿童节的礼物，让孩子们在自己的节日里感受到温暖。

6月1日上午，星艺装饰西南大区总经理程碧等十余人，带着学习、生活用品，来到受灾严重的都江堰市金凤小学，与学校100余名儿童进行联欢，与他们分享蛋糕，庆祝他们的节日。

大爱无疆 友谊长存
——致热心朋友的感谢信

那一秒，一阵悲怆的轰鸣后，我们那绿树粉墙的校园"撕裂"了，瞬间而来的灾难让我们的校园看上去似是早已尘封多年，所有的师生相拥在操场，读书变得越来越遥远……

这一刻，广东星艺装饰解囊相助，让我们读书不再遥远。"六一"儿童节到了，星艺装饰公司和大邑县热心朋友带来了丰富的礼物，让我们在废墟中感受到节日的快乐。大爱无疆，我们金凤小学所有师生在此表示衷心的感谢，我们一定珍惜和传递这份伟大的情谊，让人间真爱永恒！

让我们共同祝愿：好人一生平安，校园更加美好！

都江堰金凤小学 敬

2008年6月1日

5月26日都江堰修建简易学校开工，预计6月13日交付使用；

5月29日广东星艺装饰（四川地区）开展征集300套"爱心样板房"活动，拟将每单所赚利润以业主的名义向灾区捐款，助灾区同胞重建家园（拟建一所"星艺博爱小学"）！

5月29日宣布为灾区同胞提供100个就业岗位。

（2008年6月8日）

星艺装饰爱心捐助声声急

文 / 星编
摄影 / 星艺

总部倡议：灾难当前　义不容辞

看着受灾现场的残垣断壁，看着不断攀升的伤亡数字，看着那些失去父母的儿童眼里的悲伤，作为一个有血有肉的中国人，我们百感交集！星艺人，让我们立即行动起来，继续发扬我们"一方有难，八方支援"的优良传统，伸出我们温暖的双手，献出我们的爱心！让我们携手并肩，用爱心和实际行动支援灾区，与灾区的同胞共渡难关！灾难当前，义不容辞，只要人人都献出一点爱，哪怕仅仅是一元钱，再小的力量也是一种支持！相信我们的爱心善举，一定能够汇成爱的暖流，温暖灾区人民的心田！

他们已经在行动：

四川各分公司：成都、绵阳、南充、泸州、德阳、乐山、宜宾、达州、内江、自贡、西昌、攀枝花、资阳、遂宁，全体联动，先后数次到重灾区救灾，捐助近 30 万元的救灾物资。16 辆星艺工程车，长长的车队满载着星艺人的拳拳爱心，在重灾区都江堰、绵阳、德阳、绵竹等地，传递着绵长的情谊。

吴江分公司：一位姓任的电工师傅，本来正在工地做事，听说四川发生地震，立即赶来业务部，毫不犹豫地从口袋里掏出一百元交给经理余剑。同事们都知道，那是他的血汗钱！任师傅告诉我们：震在四川，痛在全国，受灾人民都是生长在同一片土地上的兄弟姐

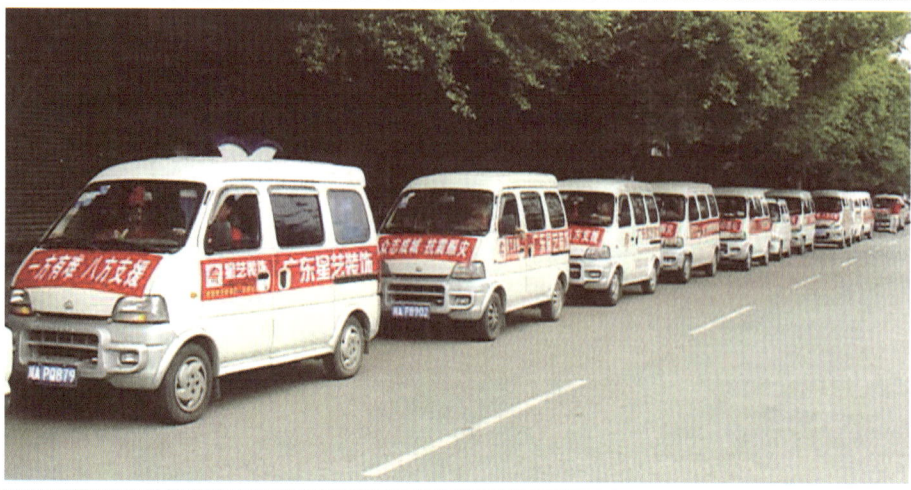

星艺爱心车队

妹，况且他也是四川人，家乡受到如此灾难，心情更为沉重，一定要为家乡奉献自己的一点爱心！余剑表示：地震无情人有情；一方有难，八方支援。让我们万众一心，为已逝去的灾民默哀，为幸存者祈祷！吴江分公司全体员工齐唱《爱的奉献》。

海口分公司：星艺装饰海口分公司组织员工连夜捐款8 000多元，并当场交给海南省红十字会。得知四川汶川发生大地震，星艺装饰海口分公司经理柯宗石立即宣布取消原定于当晚进行的员工聚餐活动，并号召全体员工向灾区的同胞出一份力，献一份爱，用实际行动表达星艺人对同胞的关心，希望他们能够早日重建家园。在募捐现场，员工中

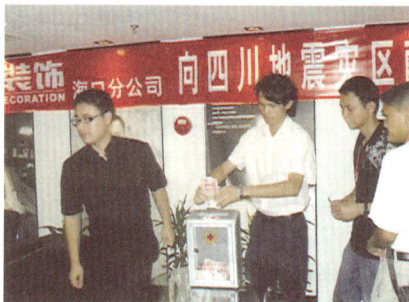

星艺装饰捐款现场

有不少人刚从工地回来，他们还来不及拍一下满身的灰尘，就从裤兜里掏出皱巴巴、还带着汗水的钱，毫不犹豫地塞进捐款箱。

河源分公司：四川汶川大地震发生后，星艺装饰河源分公司全体员工胸怀"一方有难，八方支援"的社会责任感，于 5 月 13 日迅速开展为灾区捐款的活动。5 月 19 日，公司经理李溢林一行到施工一线慰问川籍员工，并发放慰问金，以实际行动彰显华夏儿女一家亲的浓浓情感。

……

（2008 年 7 月 1 日）

燃起生的希望，太阳依旧会升起

——震区新家园义务设计团为 50 位灾民
筹建温川嫂餐馆手记

文 / 星编

　　"5·12"汶川大地震，四川绵竹遇难人数达到 11 098 人，其中学生 940 人。多少个家庭瞬间破损，多少位母亲永远失去了心爱的孩子，她们的悲痛与绝望弥漫全城，我们可以深深体会，却不可分担。

　　我们可以在救灾现场解救他们处于危险之中的躯体，却抚不平他们痛失亲人的心情；我们可以在灾后为他们搭建栖身的帐篷，送上维生的食品，却难以重建他们残缺的精神家园。灾后，伤城绵竹里，有无数悲伤绝望的眼睛在哭泣，但也有无数温暖热情的双手，在努力为残缺的家园燃起生的希望。

　　在跟随义务设计团采访的日子里，我们见到了被余工和志愿者经常提起的阿香和她的弟妹。她们现在是义务设计团的成员之一，是设计团的灾民厨师。这是两个在地震中失去儿子的苦难姐妹，她们的孩子——一个 9 岁，一个 7 岁，在金花小学倒塌的教室里遇难。她们没有机会看孩子最后一眼，只知道她们的孩子与同伴们一起，被埋葬在那一片沉寂的大山里。

　　在义务设计团的 10 天，我们和阿香以及她弟妹住在离厨房很近的一个帐篷里。第一次看到阿香的时候，我们正在向王涛主任汇报到金花镇考察的情况，当时并没有感到她与其他设计团成员有什么不同，出乎我意料的是，她就是我们的灾民厨师。而她的弟妹，在我们面前总是沉默不语，尽管只是在厨房择菜和洗刷，却好像达到了忘我的境地，她的眼睛里时时透出哀伤。

那一次，余工说，"5·12"汶川大地震发生的第二天，他就带领公司员工和学生，到各城市、乡镇奔走救人，满眼都是残垣断壁以及各种姿势的尸体，其间混合哭喊和惊慌的声音。那种深入骨髓的鲜血和绝望哭喊的画面，深深烙入他的心灵，难以平复。在金花小学附近的考察现场，余工遇见了绝望的阿香一家。八个大人哭得死去活来，绝望崩溃。余工向旁边的人了解到：阿香的母亲，这位有四个子女，又拥有四个可爱孙子的老人家，失去了全部的孙子……"一个都没留啊……一个都没留啊……"老人和她的四个子女，怎么也不相信这是真的，所有人都不相信这是真的。在这个绝望的家庭里，四个绝望的兄妹，包括他们绝望的老母亲，除了哭喊，没有谁有能力安慰谁了，四个可爱的孩子没了，他们也被灭顶的灾难埋葬了生的希望，太阳是否还会升起，对他们来说已没有意义。

"不能让这绝望的一家再待在一起了，要分开他们，要让他们做事情，要忙碌起来，否则，这一家人的绝望会再逼死人！"余工很坚定地说。于是，他分别把阿香和她的弟妹安排在义务设计团做饭，把兄弟俩安排在其他公司工作。

刚到设计团做饭的两人白天做饭时还不会哭，晚上闲下来两人都拿出自己孩子的照片边看边哭。阿香是单身妈妈，比弟妹更苦。她独自带着孩子经过9年的辛劳，孩子就是她活着的唯一希望。现在孩子没了，她也失去活着的希望了。设计团的志愿者把她们的情况向余工汇报。余工一时也没办法，只是说，这样下去不行。几天时间下来，余工也沉默不说话了，大家的心随着阿香姐妹沉寂下来……

一周后，余工召集设计团骨干郑重地说："我们要在灾区开50家餐馆，是品牌餐馆。"所有的人都一愣，设计团本身就忙得不可开交了，怎么还有闲心开餐馆？再说大家是来灾区做义务设计的，不是来挣钱的。开餐馆？余工胡芦里卖的是什么药？看到大家不解的眼神，余工继续说："看看阿香姐妹，这么消沉，整个灾区会有多少这样的家庭，这样失去孩子的绝望的母亲？灾区的房子倒了，还可以再建，政府和我们都在做这个工作，失去双亲的孤儿和鳏寡老人，也有政府和很多爱心人士在救助。可是，你看看，这些失去孩子或者老人的中青年男女有谁在管？他们是被遗忘的群体。心若死了，房子还有意义吗？所以我们必须尽力帮他们重新振作起来，重新让他们的家变得有意义。要达到这个目的，给一个临时的工作和物质的帮助对他们来说是没有意义的，必须让他们有自己的事业，为事业忙碌起来，这样他们才会活下去。所以，我要在灾区寻找50个绝望的家庭，为他们开50家餐馆经营。我们出财力物力，出管理，交给他们经营，三年后，我们全部撤出，把餐馆完全交给他们。这个餐馆经营，第一个范例就是阿香姐妹。"话音刚落，一阵掌声，义务设计团餐馆建设部成立了。

到餐馆建设部正式工作后，阿香比以前开朗多了，不但做饭，还带义务设计团做乡镇设计考察，走到金花镇，她也能努力缓解伤感。我们在同一个帐篷生活，这段日子她也和我们开玩笑讲起她的儿子多么聪明，已经可以隐忍伤痛。设计团的志愿者，每天也有事没事地逗她开心。我们看到了一个坚强的阿香，而且在更多采访中，我们看到了更多四川人的坚强和乐观。通过满街的感谢条幅和标语，我们也看到了他们感恩的心。

餐馆计划稳步进行。其思路是：50家餐馆要找每个镇交通便利的地段，由最需要扶持的灾民经营，服务员也都是受难家庭的阿嫂，每个阿嫂经专家指点后都会做一个拿手菜。餐馆的蔬菜原料，都是来自他们自家的农田或是由附近的老乡供应。这样一个餐馆可以解决当地几十家甚至几个村的农户的困难。50家餐馆复制成功，可以带动县域经济的发展。这些餐馆名字就叫"温川嫂特色餐馆"，就是温暖川嫂的餐馆之意。

十天的绵竹采访结束了，回北京前，我们与阿香她们合照。我们想通过照片告诉关注灾区人民、全国人民：看，这就是我们坚强的川嫂！

祝福阿香！祝福灾区坚强的人们！

祝福温川嫂餐馆！祝福为灾区重建奉献的人们！

燃起生的希望，太阳依旧会升起！

（2008年8月10日）

地震无情人有情

——星艺抗震救灾志愿者手记

文 / 星编

—

5 月 12 日，这是一个让全中国人悲痛的日子，这一天四川汶川 8.0 级大地震夺去了数万人的生命。我所在的成都虽然离汶川有 90 公里的距离，但我也能感应到强烈的晃动——我甚至看到成都的一些楼房在左右摇摆。从未经历过地震的我开始有些惊慌，但随后镇定下来，马上积极加入了志愿者队伍，投入抗震救灾工作。

记得抗震救灾的第一天，余震颇为强烈，次数也较频繁。很多和我一样没有经历过地震的人都很恐慌，甚至有些人都崩溃了，直接从楼上跳下去。为了增加大家对地震的认识以及懂得地震逃生技巧，全国各大新闻媒体纷纷用大篇幅文章进行了地震知识的普及，让大家对地震有更深的了解。

在这次抗震救灾过程中，我充分感受到了人与人之间无微不至的关爱。我们总能在救灾现场见到很多感人的场面：比如有这么一个受灾家庭，上有老人下有小孩，还提了大包小包的东西，旁边几个小伙子看见了，马上迎过去，扶起老人，抱过小孩，接过行李。大家相对一笑，关爱尽在无言中。在灾难面前的这个笑，能消除所有恐惧。但是我们也痛心地看到，一些人趁机发国难财，做出了为人所不齿的行为：他们造谣说地震造成了当地饮用水污染，肆意抬高矿泉水的价格，平时 20 元一箱的水卖到了 80 元。所幸卫生部及时发文辟谣，但这

地震无情人有情

——星艺抗震救灾志愿者手记

5月12日，这是一个让全中国人悲痛的日子，四川汶川发生了7.8级大地震，夺取了数万人的生命。我所在的成都是跟离汶川有钟公里的距离，但我也感受到很强烈的晃动——我甚至亲自在地震中经历过……

记得抗震救灾的第一天，地震震动频为强烈，次数也较频繁，很多都住一辈没有经历过地震的人都想恐慌，甚至有些人精神都崩溃掉了，直接从楼上跳下来。为了增加大家对地震的认识以及做好地震逃生技巧，全国各大新闻媒体纷纷向灾区人民普及地震知识与常识，让大家对地震有了进一步的了解。

在这次抗震救灾过程中……

第二天，当地家园不断，大家人心惶惶，很多人已经不敢回家，都以集体的方式几个人或几十个人一起住在临时搭建的帐篷里……

灾难面前，国人人心凝聚。星艺在灾后也迅速做出了反应，不少星艺员工自发组织起来到灾区支援……

大大小小的余震还在持续着。在灾区地区，迪地都可以看到我们的救援队伍……

生命是最宝贵的，在这次抗震救灾中，让我们都行动起来，赶救那些濒临死亡边缘的生命吧！……

生命如此的脆弱，我们经不起大灾大难，但生命又是如此的坚强，医力数不可摧！……

我相信，地震无情人有情！

《星艺装饰》刊登版面

种行为深深刺痛了我们的心！无耻的人啊，你的良心到哪里去了？难道你没有想过受灾的都是我们的同胞？难道你没有想过受灾的人中或许有曾经帮助过你的人？难道你没有想过受灾的人中或许有你的亲朋？难道你没有想过你或许也有一天需要他们的帮助？

第二天，余震不断，人心惶惶。很多人已经不敢回家，都以集体的方式几个人或几十个人一起住在临时搭建的帐篷里面。灾难面前见真情，大家互相鼓励、安慰，以此消除恐慌。与此同时，我们的国家和政府已经派出大量救援人员，开始迅速有效的救援活动。

灾难面前，国人心连心。星艺装饰在灾后也迅速做出了反应，不少星艺员工自发组织起来到灾区帮忙救灾，他们积极捐钱、捐物和献血。星艺装饰各分公司经理以及员工甚至直接开车向灾区人民输送大量食物和日用品。与此同时，星艺装饰总部向全国各分公司发出了一份向灾区捐款的倡议书，得到了星艺装饰员工的热烈响应，大家踊跃捐款。星艺装饰在第一时间将筹得的款项通过有关渠道交付到灾区同胞的手中，各种为灾区募捐的活动仍在紧锣密鼓地进行中。星艺装饰的爱心之举，凝聚着对灾区同胞的片片关爱之情。

二

大大小小的余震还在持续着，在受灾地区，遍地都可以看到我们的救援队伍。时间就是生命，他们冒着生命危险，不分昼夜地辛苦工作；他们争分夺秒地挖土、刨土，工具不足就用手去挖，为的是尽早把埋在废墟里的生命拯救出来！看到他们把伤员从废墟里抱出来，送上救援机的一幕，我们落泪了，那可是我们的同胞啊！有一名救护人员由于长时间超负荷地工作，加上又饿又渴，终于晕倒了。在那一刻，很多人流泪了，但我们的心里充满了自豪感，觉得浑身充满了力量，督促自己加快速度去帮助受灾群众。

我们的耳边不时响起尖锐的急救车的声音，在地震现场，到处都能见到伤痕累累和满身血迹的灾民，有的人失踪了，有的人受伤了，有的人死去了……那是一个多么残酷的场面！生命在大自然面前显得太脆弱了，但所幸的是我们还有爱，让我们手拉手、心连心、众志成城，筑起一道坚不可摧的城墙！让我们行动起来吧！所以——

请准备在灾区人民受苦受难的时刻牟取暴利的人停止可耻的行为，好好反省反省；请准备投身救灾工作的人马上行动起来，可能在我们思考的一瞬间已有一个生命终结；请没有考虑过帮助灾民的人伸出援助之手；请已经投身救援工作的人不要停下来，因为有了我们，更多生命的延续成为可能；请社会大众都加入救援队伍中来，团结一心，挽救生命！

三

生命是最宝贵的，让我们都行动起来，拯救那些濒临死亡的生命吧！往往你的一念之间，就决定着一条生命能否得到延续；你少抽一支烟，少吃一块口香糖，就能让正处于饥饿边缘的灾民吃上一点支撑生命的食物！这些，难道你就不能做到？我想我们每个人都能做到！

生命是如此脆弱，经不起大灾大难；但生命又是如此坚强，因为我们有爱！我们要记住，还有很多条生命危在旦夕，需要我们去救援和帮助，那么请伸出我们的援助之手，献出我们的爱心，让生命延续！

我们相信，地震无情人有情！

（2008 年 8 月 20 日）

救人！救人！星艺人冲锋在前

文 / 郑峰
摄影 / 星艺

　　2008 年 5 月 12 日，是中国人永远无法忘记的日子，这一天，四川汶川地区发生了 8.0 级大地震，强烈的震波使与之毗邻的都江堰市也遭到了严重摧毁，一时间，险情四起，楼房坍塌，紧张、恐怖的气氛让人窒息。

　　在这个生死攸关的紧急时刻，我们都江堰分公司的星艺人临危不乱，我们告诉自己，越是在危急的时候越要保持冷静，一定要冷静！公司经理聂文明在确保公司员工生命安全的同时，带领柯应海、成焕武等几位身强力壮的员工冲到荷花池附近房屋倒塌比较严重的地方帮忙救人。聂经理告诉我们，在救灾部队还没有到达之前，受灾群众生命还得不到拯救的时候，我们大家要心与心拧成一股绳，团结一致，想方设法积极参与救人！能多救出一个就多救一个，没有什么比人的生命更宝贵了！是的，救人，救人，在此刻我们脑海里只有"救人"两个字，我们用焦急的目光四处寻找着埋在废墟下面的人。这时候一个老人凄惨的呼救声从四楼传入了我们的耳朵。当时情况非常危急，一楼已经坍塌下陷，楼梯完全被堵死，我们没有办法从正常的途径上去救人。看着摇摇欲坠的房子，想着危在旦夕的老人，聂经理急了，不顾自身的安全，带着一个员工从煤气管道爬上去，把行动不便的老人背了下来，刚出来几分钟，这幢楼房就倒塌了！望着得救的老人，我们泪流满面。

　　抗震救灾，刻不容缓，大家继续救人。把老人安置在安全地带后，大家开始分头行动。我们在路上和两个参与救灾的大学生，还有一个警察同志相遇了，大家一起加入了救人的队伍中。这时从一个倒塌的餐厅里传来一阵微弱的"救救我"的声音。"有人埋在里面！"大家来了精神，马上就要下去救人。旁边的人说，该餐厅里有三个液化气罐，随时都有爆炸的危险，如果不马上把里面的人救出来，后果将不堪设想！容不得我们多想了，救人要紧！我们用手把被压人身上的障碍物一一搬开。经过两个小时的挖掘，我们终于成功地把人救出来。据事后了解，这位灾民已经被埋四个小时了，是强烈的求生欲望支撑着她坚持了下来，在获救的那刻，她说了声"谢谢"就昏过去了……

在这场大地震中还有许多感人的故事。地震过后，我们及时向星艺装饰西南大区总经理程碧报了平安，详细地向他汇报了都江堰的严重灾情。程总对此非常重视，鼓励我们要坚强、乐观地面对这场灾难，同时要求我们在确保自身生命安全的前提下，积极为当地灾民服务，救助百姓，勇敢地承担起作为星艺人、中国人应担负的社会责任。尤其让我们感动的是在灾难当头的危急时刻，敬爱的余工来到了我们身边，他关心我们、鼓励我们，和我们一起参与到抢险救灾中来。大灾之中显大爱！星艺装饰全体员工用自己的行动有力地证明了：在和平

托起心中的爱

年代，我们星艺人是为大家创造美的使者；在危难和死亡面前，我们是挽救群众生命的勇士！

余震还在持续，我们星艺人还在行动。只要是有危难的地方，我们星艺人都会挺身而出，伸出援手，不抛弃，不放弃，我们永远在一起！

（2008 年 5 月 20 日）

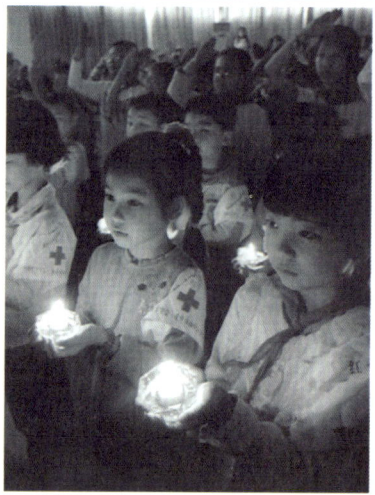

设计人在灾区

文 / 小菜
摄影 / 星艺

在电光火石之间，惨烈的倾塌声带着无数美好的生命永远离开了人间，"5·12"汶川大地震，成了我们记忆里永远的痛。

余工，这个心怀天下、立志艺术强国的社会活动家，这个孜孜不倦探讨空间哲学的设计人，这个"中国第一赈灾义工"，就这样以简单得不能再简单的理由来到了四川，并成立了中国第一赈灾义务设计团。

"我要为灾区人民设计'震不垮'的房子。"

"我决心带 50~200 名设计师为灾区第一线义务设计三年，计划选 30~50 个重建村镇，每处安排一个设计小组，用心为需要我们帮助的村民的住宅及中小学、幼儿园做设计。"

实在无法想象，亲身参与了现场救援的余工，到底是怀着多大的悲痛看着房屋轰然倒塌的，他是如何面对一张张陡然失去鲜活的面孔。一场没有来得及完成的四川讲学，让余工义无反顾地担起了这个沉甸甸的担子。

我愿为灾区捐三年命。这是一个朴实而感人至深的承诺。余工，一个身先士卒的团队领导者，一位善良的设计师，面对这满目凄凉的废墟和被吞噬的生命，灵魂被深深刺痛。

地震已经过去，大地不再摇晃，一切似乎平静下来了。但留给灾民的却是失去亲人的永远的痛，是彻底被摧毁的房屋，是灾难的余悸未平和对未来的深深恐惧……灾后重建的设计任务如此艰巨，国家和政府要尽多大的努力才能面面俱到地给予照顾？边远地区中小学校的建设靠谁来规划设计？农民的房子如何设计重建才能在这样的灭顶之灾中得以幸免？

现场救灾至5月18日，深度调研体察灾情的余工，开始马不停蹄地为灾区重建工作奔走。6月23日，地震重灾区绵竹市"十方建筑义务设计团"向全国吹响了嘹亮而深沉的"爱心集结号"。中国第一赈灾义务设计团就这样在危难之时迅速成立了。它的成立，得益于余工的积极奔走，也得益于建筑人士的鼎力相助。

华南理工大学朱亦民教授来了。他成了前来"十方建筑义务设计团"讲课考察的第一人。在他本人及其设计机构的努力之下，齐天小学的重建设计方案完成。

清华大学建筑学院王路教授来了。这位德高望重的著名建筑师，这位权威杂志《世界建筑》的总编，这位日理万机的"壹方建筑"负责人，在义务设计团简陋的帐篷里说："余工，你在灾区设计三年，我肯定会尽全力帮你。"声音不大却斩钉截铁，令人动容。他的设计团队成员、高徒——北京林业大学郑晓东博士、卢健松博士，硕士研究生黄淮海也随之加入，带领义务设计团考察，分秒必争地进行方案讨论和指导。清道小学、板桥小学、天河小学、观鱼小学等若干个方案被连夜赶制出来，目前博爱

义务设计团

设计人在灾区

紫岩小学的重建已经投入施工。

与义务设计团结盟的日本建筑专家迫庆一郎先生来了。漂洋过海赶来的他没有丝毫停歇就开始投入工作，在他坚持不懈的努力和政府的大力支持下，绵竹市春益小学的设计方案得以落实。

星艺装饰集团的善款和拳拳爱心来了。安县界牌镇龙集小学、青川卢山小学、都江堰蒲阳小学金凤校区、绵竹南轩小学得到援建，由星艺出资修复的绵远镇两座农宅也正式投入施工。

留韩建筑师边哲老师来了，同济大学环艺系郭启明教授来了，日本著名抗震建筑专家藤泽先生来了，江西建筑设计研究总院 LX 事务所所长黎曦先生和副所长张明亮先生来了，清华大学教授

与爱同行

崔笑声先生来了，庐山艺术特训营院长杨健先生和副院长陈红卫先生来了，著名设计师沙沛先生来了，峰域组设计总监支嵩岭先生来了……权威人士的云集响应和指导，为成立于危难之时的"十方建筑义务设计团"提供了强大的智力后盾与精神支持。

6月16日，都江堰蒲阳小学金凤校区板房教室交付使用；

6月22日，历经三天不眠不休的努力，绵竹教育局委托的关于灾区57所中小学、幼儿园的初步规划设计方案完成；

6月23日，绵竹南轩小学板房教室交付使用；

……

为了美丽家园的早日重建，为了孩子们的顺利复课，为了灾民们尽快拥有一所自己的房子、"十方建筑义务设计团"的每一位成员都在尽自己最大的努力。没有人嫌弃帐篷简陋，没有人抱怨蚊虫叮咬，没有人抱怨工作繁重。灾民们满怀期待的眼神令人心酸，他们不能遮风避雨的居住状况使人心碎，为一个三年的承诺，挥汗如雨的付出是值得的，再苦再难都是值得的！义务设计团的义举得到了社会各界的大力支持：绵竹市教育局热心地为工作室提供了必需的硬件设备，如电脑、投影仪、风扇、办公桌、帐篷、文件柜，水电等；江苏援建方的总指挥来到设计团，亲切慰问并承诺给予最大支持；四川省各级领导也频繁来设计团慰问

检查工作……不是临危受命，不需要任何溢美之词，对义务设计团而言，灾区的认同就已经足够说明一切。

在余工的发动下，俄罗斯列宾美术学院建筑系的四名留学生迅速归国，带领华南理工大学、同济大学、中国美术学院、燕山大学的数十名建筑设计专业人员，以及第二批清华建筑博士五人团，广泛调研和搜集资料，驻点考察，奔走于断壁残垣之间，在生活条件极为艰苦的环境下，为灾区学校奉献出了近百套规划设计方案，使学校能在最快时间内让建设项目得以报批，而大量优秀的农宅设计给帐篷里的灾民们带来了莫大的希望。

"中国建筑与室内设计师网"带着近20万设计会员，经过对灾区的实地考察以及对绵竹各政府部门的采访和需求调查，加入了"十方建筑义务设计团"，以行业协会资源和媒体的优势同余工一起扎根灾区，为灾区重建公益服务三年。

在义务设计团的努力下，城市公共设计方面，如中小学和幼儿园的重建设计正有条不紊地进行着，不少方案已经顺利投入施工。但对数量更为庞大的灾区农民而言，何时摆脱潮湿的帐篷生活，如何建造造价低又抗震的房子，怎样借助新空间来消除灾难的阴霾，这些都是家园重建迫在眉睫的问题。

为了更实际地为灾区农民提供帮助，"十方建筑义务设计团"特别成立了"汶川震区农

爱心设计团合影

庄别墅设计野战营"，向全社会的建筑义士发出邀请，通过短期培训后深入村镇进行农宅义务设计。一百六十名满怀爱心的设计师已经赶来。此刻，他们正紧锣密鼓地接受为期一个月的设计培训。条件的艰苦是可想而知的，从清晨 6 时 30 分到夜间 12 时的高强度学习，潮湿的集体帐篷，没有任何薪酬的劳动，但他们那么全神贯注地探讨着，兢兢业业地学习着。他们深知自己肩上扛着的重担，深知灾民们迫切的需求，深知是谁将在废墟上亲自承担起一幢幢新农宅的建设。十五天的培训之后，他们将按照最专业的组合进入自然村，为灾民们设计"震不垮"的房子，并真正参与建筑施工实践。源源不断的设计人才正积极踊跃地加入汶川震区农庄别墅设计野战营。震区新家园的建设将因他们的爱心加入而呈现出焕然一新的面貌，数年之后的绵竹甚至有可能成为中国乡村建筑的标榜之作。

对团队的领导者余工而言，现在心里只有灾区了，只有灾区城市和农庄的建设是他的头等大事了。作为掌握现场资料最多的中国建筑设计师之一，余工不断地思考着如何设计抗震、安全、经济、实用的建筑，如何协助政府搜集与震后建设有关的资料，如何更有效地将设计指导工作深入政府照顾不到的边缘地带，如何凭借灾区重建的契机为国家培养一批年轻的设计人才……

为了尽快把灾区的设计需求传递给社会，呼吁更多的专业人员深入灾区参与重建，余工在高校巡回讲学和义务设计团的调研之间来回奔走。面对坍塌和死亡，其他东西都不重要了，只有对生命的呵护才是至关重要的。

呵护生命，尽最大努力帮助灾民渡过难关，真正深入中小学、幼儿园和灾区农宅的重建，这是余工的心愿，更是"十方建筑义务设计团"所有设计师共同的心愿！

（2008 年 7 月 25 日）

又一所星艺捐建的永久性小学
星艺龙集小学落成

文 / 星编
摄影 / 星艺

日前，由星艺装饰投入 60 万巨资修建的绵阳安县星艺龙集小学已竣工，并经安县城市建设规划局验收合格。学校正在进行配套设施的完善，4 月正式投入使用。

"5·12"汶川大地震后，星艺装饰全额援建的绵阳安县灾后重建的第一所永久性学校，在界牌镇龙集村落成竣工

星艺装饰绵阳分公司经理熊茂生表示，广东星艺装饰对捐资修建爱心小学一事非常重视。地震后，星艺装饰高层领导在第一时间赶赴灾区考察，积极联系援建单位投入爱心小学的建设，并于2008年6月15日开始投入对安县星艺龙集小学的施工建设。

为了提高学校的安全系数和抗震烈度，星艺龙集小学施工图纸几易其稿。教学楼为全现浇框架结构，完全达到7级抗震设防，资金投入也由原来的25万元增加到60万元。正如星艺装饰创始人余工所说，星艺装饰要为灾区的孩子们修建"震不垮"的房子。

震后，星艺共捐资数百万元用于修建爱心小学。其中绵竹、都江堰的板房小学都已经投入使用，绵竹春溢永久性学校正在施工，安县永久性爱心小学龙集小学已经落成，另一所永久性小学——青川卢山小学也将于近期开始动工。

（2008年6月26日）

奠基仪式   星艺龙集小学

星艺装饰联合日本著名建筑设计师
迫庆一郎捐建春溢小学

文 / 星编
摄影 / 星艺

11月9日，由星艺装饰联手日本著名建筑设计师迫庆一郎、日本卅口建筑设计咨询有限公司捐建的绵竹春溢小学举行了开工奠基典礼。星艺装饰副总经理、西南大区总经理程碧，日本建筑家迫庆一郎先生，北新房屋有限公司技术顾问青山顺三先生，以及成都市委常委、副市长侯光辉，教育局、西南镇相关负责人参加了奠基仪式。

据悉，这是继都江堰蒲阳小学金凤校区、绵竹南轩小学、安县龙集永久性

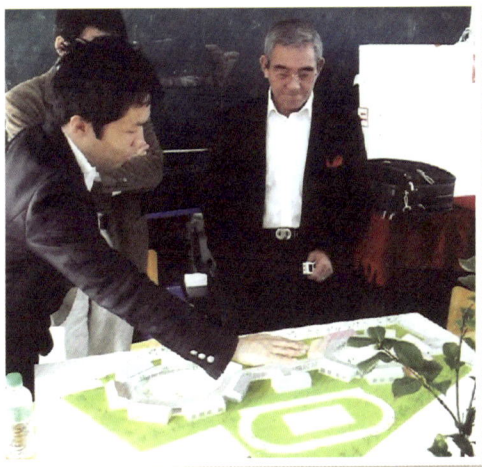

设计研讨

小学、青川卢山永久性小学之后，星艺装饰捐建的第五所学校。自"5·12"汶川大地震后，星艺装饰积极联合社会各界力量筹建春溢小学事宜。6月中旬，经著名建筑评论家方振宁先生介绍，"中国第一赈灾义工"余静赣先生（余工）结识了建筑设计行业的领军人物迫庆一郎，后者被余工"为灾区捐三年命"的精神所感动，积极奔走呼吁，邀请了十几家日本企业负责起重建项目所需的建筑技术、材料及施工。与此同时，余工再次发动了星艺人承担起小

学重建项目的内装设计及施工。

　　尽管由于诸多原因，捐建遇到了种种困难，但在余工所率领的义务设计团以及各组织单位的共同努力之下，春溢小学捐建方案最终得以落实。计划中的春溢小学将于 2008 年底破土动工，于 2009 年春天建成一所 12 个教学班，约 500 名学生，占地面积为 16 151 平方米，包含普通教室、功能教室、食堂、卫生间及 150 米环形跑道等设施齐全的小学。

　　如今春溢小学开工典礼圆满举行，捐建方星艺装饰就今后施工工作的开展进行了深入探讨，并决定在春溢小学板房校园成立指挥部，随时随地处理各种应急事件。这意味着，在明年新的学期里，春溢小学的师生们将搬进美丽的新校园。春溢小学此次重建的新校园较以往有很大的不同，这次修建的所有教学用房全是平房，并分成两部分，从上往下俯瞰，学校犹如一个巨大的杠铃。

　　奠基仪式上，春溢小学的学生们表示，他们热切盼望新校园的建成，将怀着感恩的心，用实际行动报答星艺装饰以及所有帮助自己的人。对星艺装饰而言，春溢小学不仅是一所震区小学，而且是一所能给今后中国的建筑界及教育界的发展做出贡献的小学。它将因其独特的捐建方式、设计团队和建筑技术成为绵竹市的地标性建筑和特有的教育品牌，成为联系绵竹市与国际友人的纽带，成为春溢小学板房校园里的孩子们守望的美丽家园。

（2008 年 11 月 10 日）

余工：设计人命关天，
设计人责任重于天

文 / 星编
摄影 / 星艺

5月16日，刚从四川地震灾区回到广州的余工在星艺装饰广州总部会议室接受了南方电视台《地产世界》节目的采访。余工表示，在经历这次四川地震后，对生命有了更深的认识。作为一名设计大师，余工在参与抗震救灾的同时，更是仔细研究了灾区的建筑情况，希望在重建震区家园时能够设计出抗震性极强的房子，让灾区同胞住上"震不垮"的新居。

余工接受媒体采访

"设计人命关天，设计人责任重于天！"这是余工接受记者采访时一再强调的一句话。地震当天他正在成都讲学，震后第一时间赶赴四川重灾区——都江堰，在地震一线进行救灾抢险。对于这次地震给国家和人民带来的严重后果，余工感慨，这并不亚于当年的唐山大地震，但在灾难面前，也看到了国人一方有难，八方援助的可贵精神。据余工透露，他在积极救人、安慰死难者家属的同时，也以一个设计专家的身份，深入研究了灾区房子的建筑情况，有几次为了获取第一手的建筑资料，甚至忘了危险冲入废墟中去。

余工发现，在地震发生后，同一街道的房子，有的完全倒塌了，有的却丝毫未损，或

灾区现场

者只是稍有损坏，问题出在哪里呢？在经过实地考察后，余工发现问题就出在建筑质量上！余工很痛心地看到，有些新房子在这场地震中轰然倒塌了，"完全是'豆腐渣工程'，一点也不对人民群众的生命负责！"余工沉痛地说。余工向记者讲述了一个让人心碎的场景：一位在灾区中丧失亲人的灾民曾经拉住他的手哭着追问倒塌的房子都是谁建的。"不仅仅是建筑人，我们室内设计人也要有高度的责任感，要对生命负责！"余工的这番话引起了大家的共鸣。

余工接着向记者展示了他所拍摄到的倒塌房子的照片，一一指出建筑过程中所存在的偷工减料、马虎了事等问题。余工认为，在大自然灾难面前，人是那么渺小和脆弱，而设计师握有能够与灾难抗衡的有力武器——设计抗震性强的房子，让人民住上放心的房子！

余工认为，经过这次地震，老百姓在建造房子的时候会更多地考虑房子的抗震功能。而目前我国建筑界在房子抗震方面的设计还显得比较薄弱，加之不少工程施工人员不按照国家规范施工，建造的房子在地震面前可谓不堪一击。余工将在今后几年里投身这方面的研究，早日实现"建造'震不垮'的房子"这一梦想。

　　国难当前，全国人民以及星艺都行动起来，为灾区捐钱捐物，全力支援灾区人民。余工把更多的目光投向灾区家园的重建问题上。余工认为，这次地震给我们带来太多的思考和反省，倘若我们把房子建得牢固点，抗震性再强点，那将可以减少多少损失，可以挽回多少条无辜的生命！在经历这场地震后，余工产生了一个伟大的念头——在网上征集一批设计师到灾区实地考察，一起讨论研究如何才能设计出一流的抗震房子。余工相信，汇聚众人的智慧，一定能设计出具有超强抗震性的房子来，消除灾后人民"有房不敢住"的恐惧心理。余工还承诺，到时候所有的设计都是免费的，这也是作为有社会责任感的设计师们对灾区人民的一点支持和帮助；同时，余工还准备组织震区农庄义务设计团队，招聘50名建筑设计及结构设计人员，同现在设计团队组成50个设计小分队，集中学习一周，然后每个重灾镇驻扎一个小分队，一起努力重建震区家园。

　　目前，余工在广州已通过各种渠道发出倡议！

（2008 年 5 月 25 日）

灾区中秋月，耿耿鉴丹心

——汶川地震灾区农庄义务设计特训营开营纪事

文/赵刚 杨娟
摄影/星艺

野战营营员们在烛光中听课

"为梦想，千里行……"

9月15日晚，汶川地震重灾区绵竹郊外的一所过渡房中，传出北京奥运会主题曲悠长的旋律。

不过，这里的"千里行"者不是奥运会赛场上的运动员，而是一群来自同济大学、西南交通大学等近30所高校的莘莘学子和星艺装饰的设计人员。"千里行"的目的地更不是繁华的北京，而是他们足下的这片历经8.0级地震浩劫、灾难深重的土地。但他们同样是"为梦想"而来，用实际行动支援灾区重建，倾尽自己所学，以"设计呵护生命"。

9月14日，这群为梦想"千里行"的人，从祖国的四面八方会聚到这里，组成一个新的集体——汶川震区农庄别墅设计野战营（特训营）。

是日，正值中秋。月圆之夜，这群为梦想而来的人却将故乡那轮充满亲情的明月换成了灾区的月亮。

手握着温暖的火种千里行

汶川震区农庄别墅设计野战营是由设在绵竹的"爱心集结号"义务设计团举办的以"服

在灾区祈福

务灾区重建"为宗旨的强化培训班。"爱心集结号"义务设计团是由星艺装饰创始人余静赣（余工）发起、组建的纯义务性组织。

没有政府的硬性号召，没有官方资金的投入，也没有荣誉的花环，他们依然不计名利地为灾区奉献爱心。这是一群真真正正为梦想千里行的人。

一位野战营营员在日记中写道："中秋之夜虽不能与家人团聚，但我们能相聚在汶川震区农庄别墅设计野战营里。我感到无比自豪，因为野战营是我们的另一个家，一个更具有使命感的地方。每一位学员、青年志愿者都是为同一个梦想来到这里——那就是用个人的'月不圆'来换取灾区人民的'月儿圆'。"

另一位野战营营员在开营仪式上的发言中说："我们不曾想过有什么回报，只是想能为这里做点什么。"

野战营营员有的是已经走上工作岗位的设计师，有的是在深造的研究生，甚至还有的是在校大学生。

一位还在读本科的男营员，家长和老师都不同意他到灾区来。因为在他们眼里，他还是个孩子。登上火车后，父亲连打了几通电话叫他下车回家……来到野战营后，他说："我将用自己的实际行动来赢得家人和老师的理解与支持。"

散发一点光和热
换取灾民笑容

9月15日，农历八月十六日。据说，这一天是一年中月亮最圆的日子。

汶川震区农庄别墅设计野战营开营仪式在绵竹郊外一间简陋的培训教室中举行。月圆之夜赶到绵竹的近30所高校的学生及广东星艺装饰股份有限公司的设计人员，手捧摇曳的蜡烛为灾区人民祈福，唱着《手牵手》倾诉对灾区人民的挚爱深情。

教室的一角，蛋糕、红烛为仪式增添了一抹欢快的色彩，这是在欢迎营员们的到来。

野战营开营仪式

汶川震区农庄别墅设计野战营的组织者、"微笑的脸有些疲惫"的余静赣静静地坐在人群中。教室中的营员们没人知道，这一天也是他们敬佩的余老师51岁的生日。

蛋糕不是为他而摆，红烛不是为他点燃，家人远在花城广州，但他依然感到欣慰，因为由他发起的"爱心集结号"义务设计团正一步步壮大。

5月12日，汶川大地震发生时，余静赣正在成都讲学。13日他便赶赴都江堰参加现场救援。救援告一段落，他率先在绵竹设立了第一个帐篷设计室，并率先向全国设计界发出了组建"爱心集结号"义务设计团的倡议，宣布自己将为灾区义务设计三年。此前，他的身份是中国家装巨头广东星艺装饰股份有限公司的创始人、驰名全国的设计大师。

100多次月升月落，几番月缺月圆，余静赣丢开其他一切事务，始终坚守自己对灾区人

民的承诺，他也因此被媒体称为"中国第一赈灾义工"。

至汶川震区农庄别墅设计野战营开营之夜，四个月零三天的时间，"中国第一赈灾义工"和他发起组建的"爱心集结号"义务设计团共完成了100多所小学、民房的设计。

手牵手共绘明天的彩虹

"这一刻不要躲在害怕后面，这个世界需要多一点信念。那尘埃不会真的将你打败，你将会意外生命的光彩……"

9月15日，野战营的开营仪式上，一首《手牵手》吐露出营员们的心声。

野战营的学习是紧张的。中秋节晚上，正式开营的前夜，余静赣已经为营员们上了第一堂课。下课时间：晚10时整！

学习结束后的工作将更加艰苦和忙碌。正式开营后的第二天，营员们便被分配到绵竹不同的乡镇去实地考察。一位营员在他的考察手记中这样写道：9月16日，我们来到重灾区绵竹市汉旺镇。一眼望去，大部分房子睡在地上，那些站着的也失去了重心，让人为之胆怯。走在街上，行人寥寥，一种冷冷的感觉袭来……

这些怀着坚定信念的营员们如是说：我们来这里吃苦，就是为了让灾区的人民少吃一点苦。

9月18日，为了写这篇通讯稿，记者几番与余静赣及他的同事联系，调取相关资料。但是，几幅照片，一段录像资料，两篇简短的文字稿，整整传送了一个白天加半个夜晚，传送过程多次因停电而中断。

9月15日开营仪式的录像资料显示，仪式举行过程中，因停电，当晚后半段的活动不得不移到室外，在篝火边举行。

"请大家记住今晚，也记住这烛光。这星星之火，可以燎原。"9月16日晚，在开营仪式即将结束时，营员在发言中这样深情地表述。其实，要记住的还应该包括天上的那轮明月，它不仅照亮了汶川震区农庄别墅设计野战营营员们开进灾区的旅程，更照出了他们为梦想千里行、"散发一点光和热"换取地震灾民开心笑容的铁血丹心。

（2008年10月10日）

一夜风雨　一片真情

文 / 李春林
摄影 / 星艺

中秋之夜，我拖着沉重的行李，怀着对野战营的好奇以及对灾区人民的关怀之情来到了绵竹。

经历了"5·12"汶川大地震，昔日景色秀美的绵竹显得格外沧桑，房屋都坍塌了，只留下了那面斑驳的土墙寂寞地站在马路旁。土墙泛着黄昏的光泽，在静谧的月夜里闪烁着，记录着曾经的斑斓。

灾区现场

远方的田野间，不时传来一阵阵"中国加油！四川加油！我们一起加油"的鼓励打气的声音。这声音是那么嘹亮，喊出中国人的志气。为了做强中国设计，一起建"震不垮"的房子，设计师们开始向震区重建发起第一次"进攻"。

也许是老天爷在考验我们，来到灾区义务设计团队的首批学员迎来了一场严峻的考验。夜色降临，黑得出奇，小雨稀稀拉拉地洒在房顶上，累了一天的设计师们都睡着了。突然一道白光划破了天空，紧随其后的雨声、风声"狂奔"过来。几分钟后，篷顶的沙粒也不甘寂寞了，把一个个小帐篷吹得飞起来。突如其来的灾难把大家惊醒了，在一阵手忙脚乱后，

狂风暴雨来袭，我们的帐篷倒了……

大家终于明白是地震了，第一反应就是救人！马上有人边跑边喊着"地震了，快跑"！

在大自然面前，人类的力量是渺小的，但是我们团结在一起的力量却巍峨如山，矗立不倒。一个、两个、三个……大家都安然无恙地出来了。站在暴雨中的女生，显得格外坚强，她们没哭，而是勇敢地面对灾难。风雨中我们一起同行，这种经历是多么刻骨铭心！一张张真诚的脸，在危急时刻给你安慰；一双双真挚的手，在你最需要帮助的时候给你帮助；一双双温暖的眼睛，在你最迷茫的时候给你力量。灾难无情人有情，野战营的兄弟姐妹永

我们睡在教室

雨后的小帐篷

远都是相亲相爱的一家人。风雨过后见彩虹，在那一片废墟中我看到了未来的希望。我们有理由相信，这一切的美好，在不久的明天一定会成为现实。

目前全国各地都在向灾区人民伸出援助之手，而我们这群热血青年在经受了风雨的洗礼之后，会更加懂得珍惜，会为灾区人民做更多的事，一起建造"震不垮"的房子！

一夜风雨，见证一片真情。未来的蓝图在我们手中，让我们脚踏一方土，心系一方人，一起为灾区重建工作努力吧！

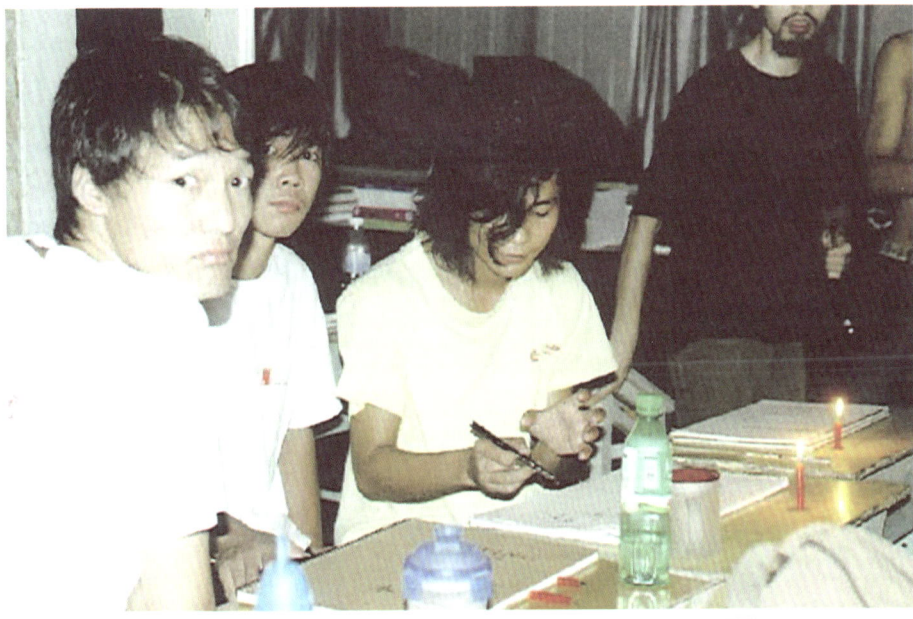

在灾区做设计

（2008年10月14日）

中国第一赈灾义工

——记"爱心集结号"义务设计团发起人、著名设计大师余静赣

文 / 赵刚
摄影 / 星艺

亲历"5·12"汶川大地震，舍生忘死参与聚源中学的救援，倒塌的房屋和被废墟吞噬的生命深深地刺痛了一个中国设计师的灵魂；震后 40 天里，冒着频繁的余震，他考察了地震灾区的 59 个乡镇、上百个村庄，执着地找寻"震不垮"的房子的设计方法；开设地震重灾区第一个帐篷设计所，以义务设计团的名义在抗震前线向全国吹响"爱心集结号"；一脸从救灾前线带来的感伤与疲惫，他面对媒体大声宣布，将今后三年时光捐给灾区，组织"爱心集结号"义务设计团为灾民义务提供家园重建设计服务——

"就要进入震区了，一会儿可能就没有信号了。"话音刚落，电话那端传来的声音就变得时断时续，一会儿便没有声音了。

7 月 1 日晚 8 时，广东星艺装饰集团股份有限公司名誉董事长、公司创始人余静赣在登机前的短暂空余时间与记者通话。电话被迫中断后，他发来一条短信："登上飞成都的飞机了……估计晚上六点半到成都。"晚上 7 时许，电话铃声响起，记者再次与余静赣连线。

共渡劫波兄弟在

5 月 7 日至 18 日，原本是余静赣带设计师在青成山、都江堰画画以及到四川师范大学成都艺术学院讲学的日子。

5月12日，余静赣刚离开艺术学院讲台不久，下午2时28分，汶川大地震发生。

一阵令人惊悚的强烈震颤袭来，住处的各种物品移位碰撞，卫生间里传出玻璃杯落地破碎的剧烈响声。

地震了！随着楼内的人流，余静赣来到楼前的空地上。强烈的地震波过后，空地上躲避的人群嘈杂声渐弱，余静赣返回房间，打开电视。旋即，电波传来地震消息：震中，汶川；都江堰，地震重灾区。稍晚，传来都江堰市聚源中学垮塌的画面。

面对强烈的大地震，余静赣没有选择离开危险地带，而是毫不犹豫地取道都江堰。因为他在电视上看到了一双双惊恐的眼睛，因为那里还有星艺装饰都江堰分公司的众多弟兄。

13日上午，他便出现在遭到地震严重破坏的都江堰市。看到德高望重的公司创始人、名誉董事长的到来，刚刚经过生死考验的星艺装饰员工如见亲人。

星艺装饰都江堰分公司经理聂文明向余静赣汇报了都江堰分公司参与救援的情况。

第一轮强震发生时，聂文明迅速将员工带离剧烈摇晃的办公楼，清点完人数，马上组织员工参与地方救援。

震区新家园义务设计团合影

看到公司虽有损失，但人员无重大伤亡，余静赣便和部分员工直扑遭到地震毁灭性破坏的聚源中学救援现场。

在地震发生的最初几天里，余静赣和都江堰分公司员工共同参与了十几起救援行动。

我捐三年赈灾区

"有一位在地震中丧失亲人的灾民拉着我的手哭着追问倒塌的房子都是谁建的。"在地震重灾区都江堰参加生死救援后，5月17日，余静赣回到星艺装饰公司广州总部。在接受闻讯赶来的南方电视台记者采访时，他讲述了这样一个令人心碎的场景。灾民颤抖的手、肝肠寸断的哭泣、令人撕心裂肺的诘问强烈地刺激了余静赣。也正是在那一刻，他产生了一个强烈的愿望，作为一个设计师，一定要为灾民设计出"震不垮"的房子。为了实现这一愿望，他大声宣布，愿为灾区捐三年命！

义务设计团讨论会

汶川大地震给中华民族带来了巨大的创痛，也激发出国人巨大的凝聚力。捐款、捐物成为人们表达爱心的重要方式，急剧上升的捐款数额，数不尽的物资沿着地震损毁的艰难蜀道，如洪流般汇入灾区。

但，如余静赣这般站出来，向外界大声宣布要以自己所学所长为地震灾区做三年义工，从各方面报道来看，至今尚无第二人。

1991年，余静赣创建广东星艺装饰公司，经过十年的艰苦奋斗，公司已发展到在全国65个大中城市拥有370家分公司，员工超过4万人。创业十年后，他毅然从董事长位置上退下，从2003年起投巨资在家乡创办丰良国际艺术学院，使数千名贫苦农民子女学会了装饰技艺。2005年分别被江西省和九江市评为"江西省十大创业先锋"和"感动九江十大人物"。同时，他还兼任中国装饰协会设计委员会委员、北京大学企业文化研究员及复旦大学、四川师范大学、重庆建筑大学等十几所大学的客座教授。

三年，对余静赣来说意味着什么：财产的损失？机会的失去？事业的停滞……外界的种种猜测，对余静赣来讲，都已经不重要了。

谈及他的决定，余静赣说，没有到过灾区，没有亲身经历那场突如其来的灾难是体会不到的。当你站在已成为废墟的校舍边，看到一个个曾经那么鲜活的孩子失去生命，从你身边被抬走，听着那撕心裂肺的哭声，作为一个建筑人、设计人，你的灵魂会被深深地刺痛。同时，你也会觉得，为了让这样的悲剧不再重演，能为这里活着的人们多做些事情、多付出些代价都是值得的。

"我已经和夫人商量过了，即便是倾家荡产，也要履行我对灾区人民的承诺。"在7月1日的电话里，余静赣对记者表达了他要把"中国第一赈灾义工"的路走到底的决心。

最早的废墟守望者

从5月13日进入地震重灾区开始，作为一个职业设计师，余静赣在参与救人的同时，又以专业的眼光在地震的废墟间探寻。作为一个民间设计师，他是在官方机构进驻之前最早在地震现场进行地震损毁建筑调查的资深专业人士。

在面对记者谈到现场调查情况时，他神情严肃地说，作为一个建筑人，包括室内设计人员，都要有一种高度的责任感，要对人的生命负责！

正是出于这种责任感，余静赣多次冒着余震造成再次坍塌的危险，钻进残存的危楼中，探究地震对建筑不同部位造成的损毁情况。他一次次被现场的工作人员拉出来，又一次次钻进去。

地震发生后，余静赣两次短暂出国进行国际交流，每次归国后都马不停蹄地直奔余震频繁的灾区。在灾后40天里，他走遍了地震重灾区的59个乡镇、上百个村庄进行实地调查。

他发现，一些城镇建设时缺乏规划，地震来临时缺乏便利的逃生路径。一些建筑本身也缺乏合理的应急疏散通道设计，一些建筑在设计时对建筑周边的地质情况考虑不足，造成出现滑坡时房屋被掩埋，河流堵塞时房屋被水冲毁。

作为一个国内著名的室内设计师、国内最大家装企业的创始人，余静赣还把现场调查的目光投向建筑装饰装修工程上。他痛心地发现，一些装修很好的宾馆酒楼的结构没出现什么大的问题，但室内装修的吊顶、风格墙、玻璃柜等却被震得一塌糊涂，造成了很多人员的伤害。

也许是地震现场死伤儿童的惨状给了余静赣太深的刺痛，中小学、幼儿园建筑的损毁情况成为他在地震现场的特殊关注点。

在现场考察中，余静赣还痛心地发现，那些缺乏抗震知识的人们建起的村镇民宅，在这次大地震中大多遭到毁灭性破坏。

作为最早出现在地震灾区现场的设计大师，作为一个不顾个人安危的废墟守望者，余静赣拍摄下的现场图片，为研究大地震造成房屋损毁的情况提供了翔实的第一手资料。应该说，余静赣是掌握现场资料最多的中国建筑设计师之一。这将为他实现为灾区人民建造"震不垮"的房子的宏愿提供重要的资料储备。

家装俱乐部活动

星辉播爱大无边

5月18日，余静赣震后第一次回到星艺装饰广州总部。

此时，向地震灾区捐助活动已在星艺轰轰烈烈地开展。5月13日海口分公司、河源分公司已经完成向地震灾区的第一次捐款。

5月15日，在星艺装饰西南大区总经理程碧的带领下，星艺装饰四川各公司统一行动，满载着救灾物资的16辆广东星艺装饰工程车从成都出发，赶往绵阳等地进行赈灾。

5月16日，星艺装饰总部向集团所属各分支机构发出捐款倡议书《灾难当前 义不容辞》。

回到广州后，余静赣深情讲述了地震灾区所见、所闻、所感，深深地打动了总部的全体员工。董事会后，星艺装饰各地分公司又掀起了新一轮捐赠热潮。

5月19日，河源分公司经理李溢林到施工一线慰问川籍员工并发放慰问金，同日，贵阳分公司在积极参与公司内部组织的捐款活动的同时，又在贵阳参加向地震灾区捐助的活动。

5月29日，星艺装饰（四川）开展征集300套"爱心样板房"活动，要求下属各单位将所赚利润以业主的名义向灾区捐款，助灾区同胞重建家园。

同一天，星艺装饰公司发布消息，为灾区同胞提供100个就业岗位。

6月1日，星艺装饰（四川）为在地震中饱受磨难的都江堰金凤小学的孩子们送去丰富的儿童节礼物。

6月16日，星艺装饰广场上，公司领导及员工再次为援建博爱小学捐出自己的爱心款项。

5月18日，在专题研究如何支援地震灾区抗震救灾的董事会上，董事们做出一项重要决定：星艺装饰公司向地震灾区捐赠三所简易小学和一所永久性小学。

5月26日，都江堰修建简易学校开工。

6月15日，由星艺装饰公司捐资援建的绵阳安县界牌镇龙集小学举行了奠基仪式，据悉它是安县灾后第一所永久性的援建小学。星艺装饰公司邀请日本建筑设计专家一道前来，数次实地考察，通过各方合作，希望为安县灾区的孩子们重建一所"震不垮"的学校！

6月15日、16日，集团创始人余静赣、董事长冷运杰、监事长温宏伟、总裁罗照球、

样板房教室交接现场

副总裁黄平、副总裁兼总经理周晓霖携广东、华北、西南三大区总经理及星艺装饰多家分支机构经理赶赴绵阳安县、都江堰，参与爱心小学的捐建活动。

6月16日，在都江堰蒲阳小学金凤校区板房教室交接仪式上，余静赣被蒲阳金凤小学聘为名誉校长。

6月23日，星艺装饰公司为南轩小学修建好的板房学校交付使用。

在"5·12"汶川大地震发生的短短一周内，没有任何人动员和指派，以如此大的力度针对垮塌学校的重建做出迅速反应并在最短的时间内付诸实施，这在支援灾区的中国民营企业中是不多见的，在民营建筑装饰企业中更是独树一帜。

吹响"爱心集结号"

在5月18日第一次离开灾区前，余静赣找到地震重灾区之一的绵竹市地方政府领导，提出要为地震灾区灾后重建提供义务设计的申请。

绵竹地方政府高度赞许他的举动，迅速调拨来三顶工作帐篷、一批电脑和生活帐篷。余静赣紧急从星艺装饰四川分支机构调来一批设计师，在余震不断的重灾区，第一个服务于灾后重建的帐篷设计所开工了。

举目所见，成片成片倒塌的房屋，整条整条毁损的街道，一个个被夷为平地的村镇……灾后重建的设计任务巨大，区区几个设计所难当大任。曾经供职于中建总公司的余静赣知道，一些大的灾后重建规划、一些大的重建项目的设计一定要由政府主导，大的专业机构来提纲。于是，他将这个义务设计团队的工作目标定位在政府可能一时照顾不到的地方，如幼儿园、村镇中小学，特别是一些民宅的设计方面。所以，最初余静赣将这个组建中的义务设计团队命名为"汶川震区农庄别墅设计野战营"，最后将其定名为设计师界"爱心集结号"义务设计团。

在给记者的短信中，余静赣这样解释他发起的设计师界"爱心集结号"义务设计团："爱心集结号"义务设计团是持续支援建筑设计三五年的善事，爱心集结、义务支援是基本原则。我决心带50~200名设计师为灾区第一线义务设计三年，计划选30~50个重建村镇，每处安排一个设计小组，用心为需要我们帮助的村民的住宅及中小学、幼儿园做设计。

简单的工作条件有了，"爱心集结号"义务设计团的雏形有了，但应急调来的星艺装饰设计师多为室内设计师，且数量有限。要想实现既定目标，就必须组建包括规划师、建筑设计师、结构设计师及室内设计师在内的齐全配套的设计师队伍。

建筑设计人员短缺成为设计团组建的瓶颈，在余震频繁的抗震一线余静赣首次吹响了中国建筑设计师的"爱心集结号"，号召社会上富有爱心的设计师们以不同形式参与到灾后重建的设计工作中来。

吹响"爱心集结号"

他给出了几种参与形式：一是常驻灾区，从事设计工作一到三年；二是短期到灾区做现场设计，每期大约需要200人，每人在现场工作三个月；三是利用闲暇时间通过互联网参与重建设计。而余静赣本人在未来的三五年则常驻灾区，负责统筹、指导这支因为爱心而集结起来的设计师队伍。

为什么不依托由他一手缔造的星艺装饰公司？余静赣回答说："一沾上公司，往往会让人联想到功利色彩，而我只是想实实在在做些事情，如果不是这样，我也不会亲自去做了。"余静赣宣布，为不增加赴川义务设计人员的生活负担，将由他一个人出资解决义务设计师提供义务服务时间内的吃饭等生活费用，从全国各地招聘来的常驻灾区设计师的工资性支出也由他一个人负担。他给记者算了一笔账，此项费用每年需要支出200万元到300万元。

7月4日，记者的电子邮箱收到一组"爱心集结号"义务设计团帐篷设计所紧张工作场景的照片。

7月7日晚，记者手机上收到余静赣发自震区的短信："我们在重灾区绵竹市的第一个有宽带、有30台电脑的设计所已建成并开门服务，37所中小学重建粗放规划已完成。"

余静赣在短信中表示："重要的是让灾民早日过上稳定的正常生活，让灾区的孩子们不再担心受伤害……在灾区工作住帐篷辛苦，但灾区人民更辛苦。"

余静赣希望能够通过《星艺装饰》，再次吹响他的"爱心集结号"："设计师朋友、大学生们请来支援灾区设计，我们需要大家的鼓励和支持。让我们一起努力，用实际行动告诉国人我们的爱心集结，用我们的设计成果告诉世界同行：中国设计师最棒！"

殷殷情，拳拳心，这就是"中国第一赈灾义工"的赤子情怀！

　　注："爱心集结号"义务设计团由星艺装饰创始人余静赣发起，清华大学建筑学院王路教授、华南理工大学建筑学院孙一民教授响应参与；中国建筑装饰行业协会设计委员会官方网站中国建筑与室内设计师网、峰域组传媒设计研究组织、运作；由日本著名抗震建筑专家迫庆一郎建筑设计公社、北京壹方建筑设计事务所、广州玛格道建筑设计顾问有限公司、北京大地建筑公司（国际）等建筑设计单位以及来自港、澳、台等设计界知名人士联合组成。自6月13日进入灾区以来，服务于绵竹市教育局和建设规划局，义务为绵竹市中小学及乡镇的重建提供义务设计和规划咨询服务。团队致力于组织社会各方设计力量，进行统一、规范的管理和运作，为灾区义务服务三年到五年。

（摘自《星艺装饰》2008 年第 7 期）

星艺被评为抗震救灾先进单位

文 / 星编

2008年8月2日，星艺装饰被蒲阳镇人民政府评为抗震救灾先进单位。据悉，由星艺装饰捐资援建的都江堰蒲阳小学金凤校区板房教室已于6月16日交付使用。星艺装饰在汶川大地震发生后，积极组织当地员工参与抗灾一线救援，正在灾区讲课的星艺装饰创始人余工也赶赴现场，和广大员工在废墟中救出15名被困群众。5月14日，星艺装饰总部向全国各分公司

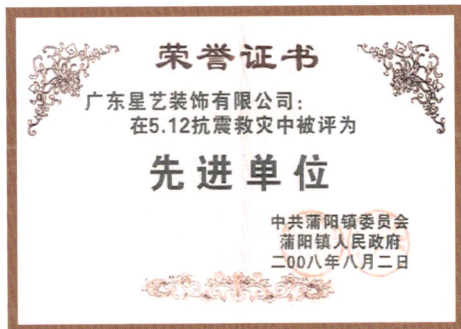

先进单位荣誉证书

发出一份为灾区募捐的倡议书，得到星艺装饰员工的热烈响应，爱心捐款达几百万元。除此之外，星艺装饰前往各个重灾区慷慨解囊，献出爱心。同时星艺装饰还举办了一个"有爱 有家 有星艺"的大型活动，联合星艺装饰客户，一起给灾区人民献爱心。

星艺装饰大力支持并参与灾区灾后重建工作，先后在蒲阳镇及其他灾区援建或全资援建多间小学和板房教室，更让人感动的是余工带领众多设计师深入灾区第一线，义务提供设计服务，余工表示：我愿为灾区捐三年命。

正所谓大灾有大爱，星艺装饰在地震面前很好地展示了一个富有社会责任感的大企业风范。

程碧荣获抗震救灾先进个人称号

同日，星艺装饰副总经理、西南大区总经理程碧被蒲阳镇人民政府授予抗震救灾先进个人称号。据了解，程碧在"5·12"汶川大地震发生后积极投身抗震救灾活动，第一时间发动星艺装饰四川各分公司组织调动 16 辆工程车，先后数次运送总额达 50 余万元的急需救灾物资深入都江堰、绵阳等重灾区赈灾；身体力行，参与灾区重建；关注灾区群众的就业问题，积极发动四川各分公司帮助灾区群众就业，尽一切可能帮助解决他们的生活问题；关心灾区的孩子，多次赶赴现场看望复课的孩子。

尤为令人感动的是，程碧于 6 月 1 日特意带了蛋糕和许多礼物赶赴都江堰蒲阳小学和孩子们度过了一个难忘的"六一"儿童节。程碧在地震面前所展示的风采，表现出了星艺人勇于承担社会责任、努力回报社会的企业文化。

先进个人荣誉证书

（摘自《星艺装饰》2008 年第 7 期）

感恩铸就品牌 爱心温暖星艺
——来自南轩小学的祝福

文 / 北雁

　　2月3日，星艺装饰总部收到了来自四川绵竹南轩小学的珍贵祝福，一个精美小册子上面赫然写着这样一段温馨的话："值此新春佳节来临之际，绵竹市雅居乐南轩小学全体师生恭祝广东星艺装饰有限公司全体领导及职工新年快乐、万事如意！"小册子的上面有"感恩铭记 开拓奋进"八个大字，让我们振奋并充满力量。当初，面对受灾后的南

南轩小学的祝福语

轩小学，公司上下齐心协力举行大型的爱心捐助活动，让南轩小学在废墟中挺立了起来，是星艺人爱的体现。如今，南轩小学又把这份厚重的爱转赠给了星艺装饰。南轩小学的感恩让我们感到温暖，让这个春天充满爱的芳香。

　　据悉，南轩小学在汶川大地震中受到严重破坏，整个校园变成了一片废墟。广东星艺装饰有限公司心系灾区，第一时间伸出了爱心之手，星艺装饰全体职工举办一系列大型募

捐活动。同时，为了让南轩小学的孩子们能够早日回到校园，星艺装饰总部决定投资修建板房教室，为南轩小学的灾后重建工作奉献我们的爱心。

感恩铸就品牌，爱心温暖星艺。星艺人的奉献和爱心，赢得南轩小学全体师生的肯定，他们的感恩就是星艺品牌的价值，他们的祝福温暖着每个星艺人的心。让我们记住这份珍贵的祝福，感恩于心，和南轩小学一起开拓奋进，共筑星艺爱的"长城"。

（2010 年 3 月 10 日）

重建校园　星艺装饰爱心接力

文 / 星编
摄影 / 星艺

　　6月15日、16日，星艺装饰余静赣、罗照球、温宏伟、周晓霖、黄平、余批生、冷忠、程碧等领导以及星艺装饰多家分支机构经理赶赴绵阳安县、都江堰，参与爱心小学的捐建活动。

圆孩子读书梦　星艺捐资修建学校

　　在灾难突然来临的那一刻，伴随着强烈的震动和轰鸣，蒲阳小学金凤校区的校舍被无情地摧毁，全校师生相拥在操场上，望着残垣断壁的教室，学生们是那样无助，读书的梦也在这一刻变得遥不可及。

　　身处灾区，星艺人看到了许许多多像这样的学校，琅琅读书声被掩埋在瓦砾废墟下，坐在教室里上课成为一种奢望。星艺人深切地听到了孩子们的心声："叔叔，我要读书！"

　　这样的一幕幕场景深深震撼了星艺人！星艺装饰创始人余工表示：我们和灾区人民都是一家人，要让世界知道中国设计人的力量，让灾区同胞早日住上"震不垮"的新居，让孩子们早日拥有"震不垮"的学校！

　　程碧满怀深情地说："'一方有难，八方支援'是我们中华民族优良的传统和品德，面对这场灾难，我们决不袖手旁观，我们要用炎黄子孙连绵的血脉进行爱心接力，为灾区人民尽绵薄之力！"

罗照球的话同样铿锵有力："面对灾难，我们无法选择。但我们可以选择坚强！地震可以震垮家园，但震不垮中华民族的精神！我们要团结起来，共同战胜这场灾难，为我们的灾区同胞们奉献我们的爱心！"

经过实地考察，星艺装饰总部迅即决定，捐资在都江堰、绵竹、青川等地修建三所板房学校，在绵阳安县修建一所"震不垮"的永久性希望小学。

蒲阳小学金凤校区板房教室交接完毕
星艺为孩子们撑起爱心之伞

在半个月时间内，星艺装饰员工夜以继日，顶着炎炎烈日，经过紧张有序的设计施工，迅速在都江堰蒲阳镇修建起一所崭新明亮的板房学校，校舍面积2 000多平方米，拥有14间整洁宽敞的板房教室。这是都江堰蒲阳镇灾后重建的第一所板房小学，也是都江堰地区首批修建好的板房学校之一。

爱心小学板房交付仪式现场

6月16日，在都江堰蒲阳小学金凤校区板房教室交接仪式上，余工被聘为名誉校长。蒲阳镇党委副书记龙会群代表蒲阳镇3 000多名师生对星艺装饰的爱心壮举表示深深的感谢，同时希望学校全体师生铭记星艺装饰的爱心，努力开始新的学习，不辜负星艺装饰以及社会各界的期望。

可爱的学生们高唱《感恩的心》，为星艺人献上了饱含全校师生感激之情的一把伞，寓意感谢星艺人为他们带来遮风避雨的保护伞，祝愿好人一生平安！学生们齐声说："我们将来一定好好学习，回报好心人！"

亏什么也不能亏教育
星艺捐资援建安县界牌镇龙集小学举行奠基仪式

6月15日，由星艺装饰捐资援建的绵阳安县界牌镇龙集小学举行了奠基仪式，据悉这是安县灾后第一所被援建的永久性小学。星艺装饰邀请日本有关建筑设计专家一道数次前来实地考察，通过各方合作，希望为安县灾区的孩子们重建一所"震不垮"的学校。目前已经详细制订了设计施工方案，并得到相关部门批准，预计于近日正式开建。

安县副县长杨代根在奠基仪式上高度评价了援建方星艺装饰的社会责任感和爱心之举，并表示将积极协调各有关部门为学校创造最好的建设条件。界牌镇党委书记吴德明也强调，该小学的修建将作为灾后重建的标志性事件载入安县界牌镇的史册。他同时希望广大教师以此次奠基仪式为契机，努力提高教学质量，希望学生发奋图强，立志成为国家栋梁之材，不辜负党和政府以及援建方的期望。

星艺装饰领导们纷纷表示，虽然地震无情摧毁了灾区孩子们的校园，但无法摧毁孩子们对未来的向往！苦谁也不能苦孩子，亏什么也不能亏教育。重建校园，我们将不遗余力。

绵竹南轩小学板房学校6月23日交付使用

星艺装饰捐建学校爱心接力的一棒于6月23日传到绵竹南轩小学，星艺装饰为南轩小学修建好的板房学校已经交付使用。

一所所学校拔地而起，笑容回到了孩子们的脸上，星艺装饰用实际行动传递爱心！

爱的教育

星艺捐建博爱小学

　　6月16日下午，在广东星艺装饰广场，来自星艺装饰的领导们以及员工们庄严肃立，再次为援建博爱小学捐出自己的爱心款项。

重建"震不垮"家园　星艺分三步走

　　亲身感受了灾难现场，亲眼看到了那一幕幕情景，在那一刻，星艺装饰创始人余工意识到，房屋的设计与生命的关系是那么紧密，我们的家园和校园需要更好的抗震设计，需要更多的专业人员参与。

　　于是，余工坚定地做出了一个决定：三年扎根灾区，带领自己的设计团队为灾区义务服务！他将这一行动计划命名为"设计赈灾，重建'震不垮'家园"。

爱心捐款

余工表示，在这三年里，他将带领50~200名设计师组成50个设计小组，奔赴各受灾地区，力求把触觉延伸到各个乡镇第一线，还将通过网络调动各地设计单位、院校等第二线人员力量紧密配合，为灾区重建家园做好设计服务。

据悉，"设计赈灾，重建'震不垮'家园"这一行动计划将分为三步走。

第一步，做好设计调研工作。各设计人员深入灾区各个乡镇，广泛搜集整理重建家园的相关资料，做出有关校园和家园的设计方案与修建方案。同时，还要将相关内容整理成一本家园设计指导书，以指导当地受灾群众开展重建家园的行动。

第二步，在政府总体灾后重建方案框架下，积极配合政府，当好参谋，提供专业意见，协助重建各方指定相关细节。

第三步，拾遗补阙，寻找边缘角落。在受灾的偏远地区，积极寻找没有被关照到的地方，为群众自建家园提供有益的建议。

余工表示，我们将用自己真诚的努力和专业的技术，帮助灾区同胞们早日建好"震不垮"的家园！

感谢信

尊敬的广东星艺装饰公司各位领导：

正当我们满怀希望为安县教育的美好明天一路前行之时，一场突如其来的灾难降临，5月12日，一个让安县教育人刻骨铭心的日子，一个给安县教育带来巨大损失的日子，这一天，生命在顷刻消逝，校园在瞬间倒塌。

这场灾难牵动着每个中国人的心。"一方有难，八方支援"，"天灾无情，人有情"。我们深切地感受到了来自全国各地的支援和关爱，帮助我们抗震救灾，渡过难关，重建美好校园。

　　你们的仁爱之心将重燃生命之火，你们的点滴之恩将托起安县教育的希望，你们的挚诚之情将激励师生去战胜灾难，重拾信心！安县教育界的全体师生和干部职工对你们的无私援助和热情关爱表示深深的感谢！我们将把你们的关爱化为不竭的动力，去努力开创美好的明天。

　　我们坚信：在党中央、国务院的正确领导下，在13亿人民的共同努力和帮助下，在你们强有力的支持下，我们一定能战胜这次地震带来的巨大灾难，重建我们美好的校园！

四川安县教育体育局

二〇〇八年六月二十一日

捐款现场

（2008 年 8 月 1 日）

2010 年　江西

身在天南海北，心系家乡灾区

大爱

身在天南海北　心系家乡灾区

——星艺人向江西洪涝灾区捐款纪实

文 / 北雁
摄影 / 北雁

　　2010 年 6 月上旬，星艺人的家乡——江西遭受了 50 年一遇的特大洪灾，历史罕见，损失惨重。特别是抚河唱凯堤发生决堤，给家乡父老乡亲的生产生活造成了重大损失。天南海北的星艺人，从电视、报纸和网络上获悉家乡的父老乡亲受苦受难，为之揪心和难过。家乡人如此不幸，星艺人怎忍心不闻不问、听之任之？星艺装饰集团各分支机构的经理们通过网络、电话打听和沟通，迅速策划了一个帮助家乡受灾群众早日恢复生产、重建家园的爱心计划，他们决定在星艺装饰各分支机构经理云集广州培训时进行现场捐款，弘扬"经营大爱，奉献幸福"的星艺美德，向家乡受灾群众奉献星艺人的一份爱心。

　　7 月 13 日，是星艺装饰集团全国经理培训的第一天，也是爱心传递、暖意凝聚的一天。中午，由天津公司经理冷祖良、乌鲁木齐公司经理孟春忠、威海公司经埋聂五静、厦门公司经理张志龙、常州公司经理吴平生、泸州公司经理聂太文、贵州公司经理黄建淼、南宁公司经理宋立宏、海口公司经理柯宗石、南昌公司经理张绪云为代表发起的现场捐款活动，得到了星艺装饰 400 多家分支机构经理们的积极响应。下午，在培训现场，暖流涌动，爱心传递，星艺装饰全体经理人纷纷捐款，把自己的爱心寄送给千里之外的父老乡亲。

　　星艺装饰集团，是江西武宁人余静赣先生在广州创办的国内大型装饰企业，已在全国各省、市、自治区和直辖市开设分支机构 400 多家。公司自成立以来，一直恪守经营大爱理念，高举爱的旗帜，履行国家责任，一路走来，一次次赢得社会的尊重，一次次创造无数的辉煌。在 2008 年初南方冰灾、"5·12"汶川大地震和 2010 年玉树大地震中，星艺人秉承"大灾有大情，大爱行天下"的理念，慷慨解囊，奉献爱心，赢得了行业和社会的赞誉。

一方有难，八方支援；家乡有灾，星艺有爱。聚沙成塔，积爱成山。每一份无价的爱心，都将化成一缕缕阳光，汇成一股股甘泉，给家乡人以无限力量。在这次捐款活动中，星艺人表示，身在千里之外，不能回家为家乡搬砖递瓦，只能遥寄一个诚挚的心愿：面对灾难，希望家乡父老乡亲早日重建家园。

为帮助家乡抗洪救灾，重建美好家园，奉献爱心，7 月 13 日下午，星艺装饰集团全体经理在总部培训时开展了对江西灾区的捐款活动。管委会领导黄平、涂洁、罗敏、余批生，集团董事长周晓霖，监事长冷忠，总裁余敏，副总裁温宏伟、程碧、郝峻以及各分支机构经理纷纷上台捐款，为江西灾区奉献爱心。

捐赠现场，余敏总裁向各分支机构经理发出倡议，希望大家伸出援助之手，支援江西家乡抗洪救灾。随后，全体星艺人纷纷慷慨解囊，为灾区献上了自己的一份爱心。据统计，

星艺装饰全国经理培训现场　为江西灾区献爱心

在现场短短十多分钟时间里，星艺人筹集爱心款共计 30 万元。捐款活动结束后，集团董事长奔赴江西抗洪救灾第一线，亲手把爱心款捐给灾区的父老乡亲，把星艺人的爱带到家乡，让家乡人感受到星艺装饰的温暖和关爱。江西卫视、南昌电视台等媒体对本次捐款进行了专题报道。

星艺装饰自创始以来，一直以"爱"为先，走过了 19 个年头，正如余敏总裁在捐献爱心倡议中说的：大灾大难，我们坚强面对；奉献爱心，我们义不容辞。面对灾难，星艺人始终站在第一线，以爱行天下，以爱促发展。

（2010 年 7 月 15 日）

2010年 玉树

让爱插上翅膀

玉树有难，星艺有情

文 / 星编
摄影 / 星艺

关注玉树灾情 弘扬大爱精神

4月23日晚7时，星艺装饰创始人余工莅临广州华金盾酒店进行了爱心专题演讲，并号召所有星艺人把"爱"时刻装在心里，奉献我们的力量，尽自己的一份心意，用我们的爱心、真心与信心去帮助和鼓励灾区的人们。

演讲伊始，星艺装饰广州总部负责人做了简短讲话，并鼓励所有员工进行现场爱心捐款。接下来，广州总部工程部领导及公司员工纷纷慷慨解囊。短短十多分钟，就有几十名星艺人上台捐款。对此，余工高度肯定了大家的爱心行动，并希望所有星艺人把这种"大爱"继续发扬光大，为青海玉树灾区奉献我们的爱心。

经营大爱、奉献幸福是星艺装饰的宗旨和使命。在演讲过程中，余工以图片的形式展示了一幅幅灾区的受灾场面和感人的营救场景。余工接着深情回顾了自己曾亲身经历的"5·12"汶川大地震，身体力行地体会了灾区人民的心理状态，并履行为震区奉献爱心的承诺，此时，会场上响起了阵阵掌声。

在本次演讲中，余工自称第一次在员工面前"亮剑"——现场手绘，让在场所有员工目睹了其"神笔绘天下"的风采。在一张纸上，不到两分钟时间，寥寥几笔，余工就勾勒出一幅实景手绘图，并签名授予广州总部。

最后，在余工的带领下，全体员工站立高唱《中国志气》，并现场高喊"我们一起努力"，为本次演讲画上了一个圆满的句号。

众志成城，抗震救灾

为帮助玉树灾区重建美好家园，星艺装饰海口分公司于 4 月 15 日早晨举行了爱心募捐仪式。在活动现场，全体员工发扬"众志成城，抗震救灾"的精神，伸出援助之手，支持玉树灾区，挽救人民生命。

星艺装饰海口分公司的全体人员表示，不管遇到什么灾难，我们都会团结一致，首先做好本职工作，用做好本职工作的成果来支援灾区，以实际行动为玉树加油。

星艺装饰爱心捐款活动现场

本次捐款仪式由海南红十字会协助举行。据了解，星艺装饰海口分公司在玉树地震发生后的第二天就举行募捐活动，是海南本土较早为灾区献爱心的企业之一。

情牵玉树 爱心接力

4 月 28 日，星艺装饰绵阳公司在绵阳市临园商务大厦举行"情系玉树，大爱无疆"抗震救灾捐款仪式，星艺装饰绵阳公司全体员工参与献爱心活动。

星艺装饰集团副总经理程碧也亲临现场参与本次捐款献爱心活动仪式。据统计，本次参与捐款员工超过百人，筹得善款共计 10 080 元

情牵玉树，爱心相连。面对灾难，星艺人以快速的反应、积极的行动进行着一次又一次的爱心大接力！

捐款仪式

暖流涌动　爱心传递

4月21日，星艺装饰天津公司召开第十次表彰大会，对2009年度的优秀员工进行了表彰。

会上，总经理冷祖良就民营企业的发展问题和星艺品牌在天津市场的定位与拓展做了全面剖析，并就实施工地标准化工程的紧迫性和必要性做出重要指示。同时，勉励大家"百尺竿头，更进一步"，为星艺品牌添光加彩，共享星艺品牌带来的财富。

会后，天津公司举行了为青海玉树地震灾区捐款的活动。青海玉树地震的发生，牵动了星艺装饰天津公司全体员工的心。在总经理冷祖良的号召下，整个会场暖流涌动、爱心传递，大家积极加入爱心捐款活动。

大会在"我们一起努力"的口号中圆满闭幕。

心系玉树　大爱无疆

4月23日晚上，星艺装饰佛山公司在工程部会议室开展了"心系玉树，大爱无疆——为玉树灾区献爱心"活动。

佛山公司业务部经理郝云刚说："捐款多少无所谓，都是我们爱心的体现，我们虽无法阻止地震给玉树人民带来的伤害，但我们一定要用实际行动，帮助玉树灾区渡过难关，早日重建家园！"他首先捐了代表自己心意的 200 元钱。接下来，各工程监理、工人等也纷纷响应，你 50 元，我 100 元，将一份份爱心汇集在了一起……

据统计，在当晚短短的两个小时里，星艺装饰佛山公司员工共捐出了 8 600 余元善款。

大灾有大爱　大难有大情

玉树，一个多么诗意的名字，然而在 4 月 14 日发生了一场噩梦，7.1 级大地震无情地摧残了无数人的家园。大灾有大爱，大难有大情，星艺装饰从化公司响应总部的倡议，4 月 24 日发起了向玉树抗震救灾的募捐活动，以实际行动支援灾区的重建工作。

在募捐现场，从化公司总经理彭亮向公司的员工介绍了玉树的基本情况。在公司领导的倡议下，每个员工踊跃地奉献出自己的爱心。他们以爱心行动告诉玉树同胞们：玉树有难，星艺有情，我们永远是你们的依靠！

行胜于言　爱大于灾

4 月 14 日早 7 时 49 分，青海玉树发生了震惊全国的大地震，举国上下为之悲恸。星艺装饰秦皇岛公司在得知消息后相继捐款、捐物，为灾区奉献自己的一片爱心。

由于时间紧、任务重，爱心早一分钟到灾区，受灾群众便可能少受一分钟痛苦。4 月 23 日上午，秦皇岛公司早课培训过后便进行了捐款，现场募捐一小时左右，金额达到了 15 000 元。来自安徽的一位监理捐款 1 000 元，他说："作为一个中国人，看到灾区的情况，只想为受灾群众表达自己的一点心意。"虽然只有几句普通的话，却将自己的内心情感表达得淋漓尽致。

行胜于言，爱大于灾。为了玉树的同胞们，我们星艺人正努力献出自己的一份光和热。

用我们的爱，温暖你

4 月 23 日早晨，星艺装饰漳州公司举行了为玉树抗震救灾自愿捐款活动。没有仪式，但公司的每个员工都默默地捐出了自己的爱心款。

国家有难，匹夫有责。玉树有难，我们齐心协力，用每一位员工的爱心去温暖远方失去亲人的玉树同胞们，献上我们的一份爱，贡献我们的力量，支援灾区人民早日重建家园。

公司的每位员工都默默到前台捐款，一张 A4 纸早已写满了同事的名字与捐额，虽然没有捐款仪式，但大家都有一颗善良、真诚的心，星艺人用行动温暖身边以及全国的每一个人。

与玉树永远在一起

2010 年 4 月 14 日早 7 时 49 分 40 秒，青海玉树，7.1 级大地震突然袭来，宁静的小城在重创之下瞬间变成一片狼藉，同胞们在废墟中挣扎的图像深深地刺痛了我们的眼睛。这一刻，举国悲痛：大地震给当地人民的生命和财产造成了前所未有的重大损失——亲人没了，衣被没了，粮食和水没了，家园没了，孩子们的学校没了！

天为之痛泣，地为之悲恸，星艺人为之揪心！我们那些可亲可爱的孩子遭受如此悲凉的境况，我们怎不痛怜和伤心！

十九年来，我们星艺人高举爱的旗帜，履行社会责任，一次次赢得社会的尊重，一次次创造无数的辉煌。饮水思源，国家给了我们成就事业的机会和保障，如今国家有难，星艺人当挺身而出，竭力承担！

玉树有难，星艺有责、有情、有爱……

玉树，在爱中重生。我们一起努力！

真情系灾区，关爱汇暖流

地震无情，但从地震撕裂大地的那一刻起，千万颗星艺人的爱心就不断向玉树集结。危难之间，方显真情。4 月 19 日下午，星艺装饰惠州公司为玉树灾区举行捐款献爱心活动。

真情系灾区，关爱汇暖流。星艺装饰惠州公司全体员工纷纷响应，10 元、20 元、50 元、100 元、200 元……一双双手将一张张体温尚存的爱心款投进募捐箱，浓浓的关爱之情汇聚成暖流，让处在春寒中的玉树灾民多了份温暖。

"玉树还远吗？请让我的血液流进你的脉搏，复苏你的枝叶。玉树还远吗？请让每颗心为你打一个结，缝你伤口的裂……"

我们坚信：玉树仍在，今天它是一片废墟，有了我们的爱，明天的玉树一定会更美丽！

（2010 年 5 月 10 日）

废墟上的记忆
——我们在玉树的两天一夜

文 / 北雁
摄影 / 北雁

　　玉树，一个美丽的地方，素有"江河之源""名山之宗""牦牛之地"和"中华水塔"之美誉。巍巍唐古拉、茫茫昆仑山孕育了玉树康巴儿女勤劳、豪爽、吃苦耐劳和不屈不挠的品格。

　　玉树，在很多人的记忆中或许是一个陌生的名字，但因为 2010 年 4 月 14 日清晨地壳像喝醉了一样地摇晃——玉树 7.1 级大地震，我们熟知了玉树，在伤痛中永恒地记住了它。于是，在诗人的笔下，有了这样的追问：巍巍的唐古拉，你为何侧首而立；茫茫的昆仑山，你为何只有哭泣……美丽的玉树，你为何伤痕累累？"用我们的爱心，抚平地球的颤抖"成了所有人的祈祷和行动。

　　盛夏的玉树，蓝天、白云、碧草，一切是那样纯净，那样美丽。青藏高原上，盛开着黄色的、白色的、紫色的小花。清澈的巴曲河畔，成群的牛羊在吃草，在湖泊的映照下，是那么和谐。远望，在一个个帐篷外，冒出缕缕炊烟；眼前，一群远方而来的陌生人，站在有帐篷、牧人、牛羊的背景前留影……

　　在格桑花盛开的地方，在格萨尔王的故乡，我们看到一个个忙碌的身影，听到一个个感人的故事。美丽和坚强，是玉树真实的写照，是玉树明天的希望。

　　在梦中，玉树是那样的洁白无瑕，是那样玲珑剔透；而今天的玉树，却是那样让人揪心，每每提起它似乎能感到一种伤痛。所以，我们只有用爱去疗伤，用行动去治痛。

灾区现场

  2010 年 8 月 17 日，在玉树大地震四个月后，我们带着五万多名员工的爱心，走进玉树，走在废墟上，把"星艺装饰"的大爱之旗插在了玉树灾区，让它迎风飘扬，让它重铸希望。

  "玉树不倒，青海长青。"有了爱，美丽的玉树依然会生长在青藏高原上，用它的坚守迎接风雨、欢送游客；有了爱，美丽的玉树永远会屹立在那片神秘的土地上，用它的枝叶呵护康巴儿女，守望四方来客……

  当飞机平稳地降落在玉树巴塘机场时，我的心才慢慢地平静下来。

  走出飞机，迎面扑来的一阵清冷，让人感觉似乎回到了冬日里。抬头看，湛蓝的天空飘着几朵白云，一个巨大的火盆放出耀眼的光芒。没错，这是盛夏，可玉树的盛夏却像是冬天。转而一想，玉树的这年春天，不是刚刚遭受过一次摧残吗？

  玉树的盛夏，是那么凉爽，让长久生活在南方大城市蒸笼里的我们有些迷醉。

  玉树巴塘机场可以说是一个袖珍机场，但就是这个小机场，在抗震救灾时，成为一条连

程总在帐篷做记录

接灾区的空中生命线。我们看到了很多人站在飞机旁合影留念，于是我用相机记录下这一切。走出机场，当我们预订返程票时，一个藏族女售票员告诉我们：三天之内的机票早预定完了！这有些出乎意料，玉树机场竟会这么繁忙？看到一个个志愿者的身影，我们开始有些欣慰。美丽的玉树，原来一直留在人们的心中，一直被关注和呵护着。

来机场接我们的是"绿十方"的一个志愿者，内蒙古人，但他脸上的"高原红"似乎表明他已变成一个"玉树人"了。坐在驶向玉树州的车上，一路上我们看到雄伟壮丽的峡谷、明亮如镜的高原湖泊、碧如绒毯的辽阔草甸，还有成群的牦牛、救灾的帐篷，也看到一座座倒塌的房屋。在这一片废墟上，最夺人眼球的是那一面面鲜艳的五星红旗，迎风飘扬，给人力量。

下了车，我们来到玉树州职业技术学院。这是一座临时修建的板房学校，乍一看，不像是学校，更像一个建筑工地。一个广场上，几个孩子正在打乒乓球，激烈的对决让孩子们兴奋不已，稚嫩的脸庞洋溢着灿烂的笑容。仔细一看，乒乓球台子是用建筑空心砖垒起的，台面则是由两截席板拼凑而成，简陋而随意。走近教室，板房里传来琅琅读书声，我们才相信

在灾区慰问

这就是一个学校。板房教室的墙壁上贴着"高考文科"的字样，经过询问，才知道这就是今年玉树州的高考考场，这让我们震惊。原来，我们所资助的大学生是在这样艰苦的条件下考上大学的，他们饱受着心灵的创伤去竞争、去拼搏，是多么不容易啊！

赶了一天的路，直至饥肠辘辘，才想起中午我们没有吃饭。已经是下午四时多了，冷总建议我们午饭和晚饭干脆一起解决了，于是我们去了板房学校附近的一家小饭馆。饭间，吴主任开始有些高原反应了。所以，她第一个离开了饭桌。

饭后，在板房里喝了一杯水，我们便直奔板房教室，那里有我们资助的15名大学生和他们的家人在等待。当冷总、程总几位领导走进教室时，里面传来热烈的掌声。有几个女孩子看到我拿着相机对着她们拍照时，都露出了羞涩的表情，把头低下。

在座谈会上，冷总说："你们要好好学习，我们就是你们的家长，有什么困难就告诉我们，我们将全力帮助你们。"程总说："你们要走出去，努力学习知识，将来重建我们美好的家园。"15名大学生都默默地点了点头，但他们的父母却依然呆坐在那里。原来，他们没有听懂，因为语言不通。最后，经一个叫土丁才培的学生翻译，他们才点头致谢。一位学生的父亲站起来说了一大段话，大体意思是：你们的资助，我们非常感谢；你们能来到这里，就给了我们信心和力量；你们帮助了我们的孩子，你们就是我们的亲人。因为相互表达了真心话，所以座谈会后就如一家亲了。在板房教室外，我们一起笑谈、合影，直至夜色降临。

与受助学生合影

送走了15名大学生和他们的家人，冷总、程总又走向板房学校附近的废墟。我们看到一栋栋坍塌的楼房，一个个低矮的救灾帐篷。其中，一个帐篷里透出微弱的光，冷总走近喊了几声都没有人应答，掀开门帘一看，原来里面没有人。在玉树，可以随处看到这样的帐篷，没有人却依旧安全，大地震让玉树沦为一片废墟，却拉近了人与人之间的心理距离。

受助学生家长向爱心团献哈达

玉树的夜真冷！走了没多久，就冷得浑身颤抖。因为路上太仓促，我们都没有带厚衣服。在只有七八摄氏度的天气穿着短袖，显得有些另类。程总穿得太少，冻得瑟瑟发抖，便提前回了板房宿舍。我和冷总又在周围转了转，走到板房教室外时，我们听到有些声音，像

板房教室

是蜜蜂发出的嗡嗡声。走近一看，原来是几个学生正在读书。我们拿起一个学生的书看，上面全是密密麻麻的藏文。当冷总询问能否看清时，那个学生笑着说了两个字："还能。"听了他的话，我们不知道该说什么，只好默默地离开了。在回来的路上，冷总感慨地说："这里的孩子太苦了！"

我们沿着一条漆黑的小路去宿舍，我时不时拿起相机对着漆黑的夜空拍照。这时，突然天降大雨，幸好我们离板房宿舍只有几十米，所以未被大雨淋湿。这大雨，和大地震一样来得突然，毫无预兆，瞬间就降临在美丽的玉树。

走进板房宿舍，屋子里没有电，桌子上点着一支蜡烛。程总已经用被子包裹着身体躺在床上了，伸出一只手拿着手机发短信。看到我们走进去，他一个劲地说："冷啊，冷啊！"我们以为他是开玩笑，冷总便开始打趣，整个宿舍洋溢在一片笑声中。

我收拾了一下床，打开相机查看相片时，才发现有一张照片是在板房教室外拍摄的，上面挂着一个红色横幅，标着这样一句话：广东星艺装饰集团和玉树人民心连心。

我们挤在一个30多平方米的板房里，外面下着大雨，昏黄的烛光，这一幕让我突然想起二十多年前的西北老家。这里没有水，也不用洗漱，一进门就躺在床上。当然还有另一个原因，就是因为玉树的夏夜很冷，连洗澡的欲望都被浇灭了。

夜间，在睡梦中似乎听到程总说"冷啊"的声音，大概是因为疲惫，所以直到第二天清

爱心助学启动仪式

助学现场

晨才醒来。睁开眼睛一看，冷总早已起床了，程总用被子蒙着头还躺着。刚下床，冷总正好走了进来，他告诉我们已经在板房学校周围走了一圈。这时，程总从被子里露出头说："冷啊。"听他突然冒出这么一句，我们都笑了。一问才知，原来，他一夜未眠。

起床后，我们简单洗漱了一下，就去吃早餐。找了好久，才看到一家牛肉拉面馆。程总去结账的时候，发生了一个小插曲。一碗面7元，五个人每人一碗，老板竟然说"5×7=48"，算了好久，他们最终还是没有算出正确答案来，这让我们有些惊诧。后来又遇到了很多关于算术的问题，我们才最终肯定，在灾区很多人并不会算数，他们只知道100比59多，但具体多多少，他们就算不清了。看来，重建玉树不仅需要大量钱财、物资，更需要知识。

早晨，玉树又下了小雨。当我们到了捐助活动仪式现场时，已经有很多学生、家长和志愿者坐在那里等待了。捐助仪式启动，15名藏族大学新生为冷总、程总等几位领导献上圣洁的哈达，来自玉树州教育局、民政局、共青团的领导也分别发表了讲话，对星艺装饰集团的爱心表示衷心的感谢。程总讲话时，他的声音有些沙哑和颤抖，后来才知道也是因为冷。

的确，原本玉树的天气就比较冷，加之我们穿得太单薄，不冷才怪呢！

活动结束后，我们和 15 名受资助的藏族大学生一起吃饭。其间，冷总、程总询问了他们家中的情况，其中有一个女孩说家里还有一个妹妹因家境困难面临辍学，程总便叫她把资料写下来，答应帮她寻找资助单位。看到那个女孩脸上露出欣喜的表情，我们才稍稍放心了。

午饭过后，为了赶时间，我们便包车赶往西宁，和玉树匆忙告别。

一路上，车经过晒经台、通天河、雁口山、巴颜喀拉山，虽然我们离玉树越来越远，但心的距离却在拉近，思念在拉长。

在玉树的两天一夜里，因为爱，我们忍受劳累；因为爱，我们变得坚强；也是因为爱，我们坚持一路向前。奉献了爱，也收获了感动。

从这一刻起，美丽的玉树，将永远生长在我们的心中。

（2010 年 8 月 20 日）

让爱插上翅膀
——玉树爱心行

文 / 冷忠
摄影 / 北雁

先哲说："仁者，爱人也。"2010 年的 4 月 14 日，一场悲惨的、毁灭性的大地震灾难降临在青海玉树藏族自治州，藏族同胞的生命财产惨遭严重危害，星艺装饰集团全体员工闻讯后，纷纷解囊捐款。与此同时，星艺装饰创始人余工带领的"绿十方"志愿者团队也第一时间赶到灾区，投入了紧张艰苦的救灾工作中。为了将救灾善款用到实处，经过集团总部领导商量决定，对口资助玉树县 15 名大学新生完成大学学业，包括他们在大学期间所需的全部学杂费。

带着全体星艺人的深情和嘱托，我和程总、办公室吴主任、导报侯主编等人，8 月 17 日清晨，从西安直奔青海玉树。

时至农历七月，华夏大地本应是"赤日炎炎似火烧"，但在雪域高原却是另一番景象。在西宁转机时，已感到丝丝凉意。向机场工作人员询问后，方知已到海拔两千多米。在西宁飞往玉树的飞机上，鸟瞰大地，白云朵朵，群山间仍有终年积雪未融化。下午一时许，飞机在玉树机场着陆，一行人走出机舱都惊呆了！难道我们真的到了仙界？眼前是崇山峻岭，骄阳当空，蓝天白云。这时，侯主编拿起相机赶紧抓拍镜头，为我们留下了玉树"爱心行"的珍贵照片。

"绿十方"的一个志愿者来接站，在从机场到玉树结古镇的路上，他介绍了救助进展情况，也适时地在车经过世界上最大的玛尼堆、文成公主庙及格萨尔王塑像时给我们讲解一番。

慰问现场

车驶入地震重灾区——玉树州首府所在地结古镇。眼前的景象让人揪心，只能用"满目疮痍"来形容了。结古镇坐落在巴颜喀拉山脉的一个小盆地里，北临可可西里无人区，海拔3 800多米，盛产藏獒、牦牛及牦牛制品，同时也是贵过黄金的中药材——冬虫夏草的主产地。可我们现在看到的是一片瓦砾，原建筑几乎荡然无存，未全倒塌的也只见残垣断壁。帐篷银行、帐篷商店、帐篷旅馆等占据了整个结古镇，为数不多的活动板房则是学校的所在地。

在"绿十方"志愿者的热情安排下，我们一行有幸下榻在玉树州职业技术学院的活动板房里。上下铺的架子床，有垫和盖的两床军被。有了栖身之所，我们正小憩时，热心的玉树州职业技术学院总务科科长就前来问候，对我们集团的义举表示感谢和赞赏。

吃过晚餐，太阳仍高高挂在天空，按照安排，晚上是与资助学生及家长见面的座谈会。由于供电系统还未恢复，平常照明都是蜡烛，为了我们能开好座谈会，学院调来了发电机，伴随着马达的轰鸣声，板房教室的会场亮了起来。座谈会上笑语一片，遗憾的是藏族学生家长不懂汉语。这时，吴主任提议请学生现场翻译，气氛马上活跃了起来，沟通也顺畅多了。多才多艺的土丁才培同学也即兴唱了一首藏族歌曲，我们虽然只听懂了"扎西德勒"四个字，但欢乐之情溢于言表，座谈会在欢声笑语中结束。

晚上 10 时许，奔波了一天，我们也有些疲惫。高原反应悄悄袭来，头痛、心慌开始折磨我们。不一会儿，倾盆大雨也随之而至，气温急剧下降。程总盖上两条棉被仍然冻得瑟瑟发抖。侯主编对着蜡烛、身披棉被撰写文章。就这样，在雨声相伴下，我们度过了一个难忘的夜晚。吴主任因独住一室，一夜景况如何，不得而知。

清晨，雨还在下。我踱步到原计划举行助学启动仪式的球场，此时已是一片汪洋。与"绿十方"的志愿者商量后，决定将会场移到另一处高地，他们又开始紧张地忙碌起来。

在淅淅沥沥的雨中，捐资助学启动仪式开始了。参加仪式的人员有玉树州政府教育部门领导、州团委书记、州职业学院院长等。程碧副总裁发表了简短讲话，我将 60 万元支票交给学生代表。会中，学生代表还为我们献上了圣洁的哈达。整个仪式过程在两位主持人藏语和汉语同台主持下圆满结束。

与全体参会人员共进午餐后，对资助学生的家访旋即开始。搭建在废墟上面的帐篷就是他们的家，才不过几平方米，吃住全在里面。据一位藏族老阿哥说，他两家（还有他妹妹一

助学现场

家）八口人，生活来源就是他的退休金和他妹妹家养的几头藏獒的收入，不足部分只能靠政府救济了。每到一处，热情好客而虔诚的藏胞们都向我们几个人献上了圣洁的哈达。

由于玉树机场五天之内的航班已满，无法购票，班车也同样如此，在高原反应的催促下，我们临时决定租一辆越野车到西宁。

捐款助学启动仪式

下午两点半，我们告别了前来送行的藏族同胞和"绿十方"志愿者，乘车开始返程。一路上目睹了雪域高原牦牛成群嬉戏、绵羊如朵朵白云飘于天际的美景，也感受了高原上时晴时雨、忽冷忽热、道路颠簸带来的苦楚。

从玉树到西宁唯一的通道是 214 国道，途经唐僧取经路过的通天河、海拔 4 824 米的巴颜喀拉山口、文成公主入藏经过的倒淌河。一路上平均海拔近 4 000 米，总里程约 900 公里，行车时间约 14 个小时。

车在高原上奔驰，我却一直在思考。之前人们爱说"人定胜天"，"与天奋斗，其乐无穷"，可在现实中，老天一发威，我们依旧无可奈何！亲爱的藏胞们，可爱的孩子们，你们是不幸的，地震摧毁了你们的家园，夺走了你们的亲人，给你们带来灭顶之灾。但你们又是幸运的，劫后余生，政府和社会有信心也有能力支持你们重建家园。让我们的每一份爱，为你们插上飞翔的翅膀，希望你们飞得更高、飞得更远。

在这里，我祝愿那些可爱的孩子们学业有成、前程似锦。祝所有的玉树同胞们平安幸福，愿你们早日重建家园！

（2010 年 8 月 28 日）

在受助学生家里

"让爱成就梦想"
——星艺装饰集团捐资助学计划启动

文 / 北雁
摄影 / 北雁

8 月 18 日上午，"让爱成就梦想"——星艺装饰集团有限公司捐资助学启动仪式在玉树州职业技术学院举行，15 名即将步入大学校园的藏族贫困学子得到了资助。集团监事长冷忠、副总裁程碧、总裁办主任吴雨蓉等出席了启动仪式。

捐资助学活动合影

在今年 4 月 14 日的玉树地震中，玉树籍学生强忍失去亲人的悲痛，坚持学习备战高考，得到了社会各界的广泛关注。现在，他们又面临着大学学费带来的压力。星艺装饰集团领导了解这一情况后，发出了爱心捐款倡议。随后，在全公司内举行了捐款献爱心活动，共筹集爱心款 60 万元。在"绿十方"志愿者服务队的协助下，集团决定资助 15 名家境贫寒的藏族大学新生，帮助他们顺利完成学业。

在捐资助学启动仪式上，程碧副总裁发表了讲话。他说："一方有难，八方支援，星艺人在创始人余静赣先生的带领下，第一时间成立了'绿十方'志愿者服务队为灾区义务服务，在总部高层领导的策划下，倡导星艺装饰全体员工进行爱心捐助，通过多方努力，与玉树灾区教育部门取得联系，从而有了今天我们的捐资助学仪式。我们希望尽绵薄之力，帮助灾区贫困学子完成学业，早日重建家园。"集团监事长冷忠先生为受助学生代表颁发资助款。玉树州教育局、民政局和共青团领导分别做了简短讲话，对星艺装饰的资助和爱心表达了感谢。15 名贫困学子上前为各位领导献上了圣洁的哈达。

助学现场

一位得到资助的藏族学生感激地说："你们的帮助，让我们的梦想成真了，也减轻了我们家里的负担，在这里我特别感谢所有的爱心人士，想对他们说一声'谢谢'！"

（2010 年 8 月 19 日）

有爱，有家，有星艺

文 / 星编
摄影 / 北雁

　　2010 年的 4 月 14 日，一场悲惨的、毁灭性的大地震降临在青海玉树，天地为之悲痛，星艺人为之揪心！在集团总部发出向灾区捐款的倡议后，各分支机构和员工踊跃捐款，奉献了一片爱心。与此同时，星艺装饰创始人余工带领的"绿十方"志愿者团队也第一时间赶到灾区，投入紧张艰苦的救灾工作。为了将救灾善款用到实处，集团总部领导商量决定，对口资助玉树 15 名大学新生完成大学学业，包括他们在大学期间所需的全部学杂费。2010 年 8 月 18 日，捐资助学启动仪式在玉树州职业技术学院举行。

　　2011 年，集团高管决定，由冷忠监事长带领星艺爱心慰问团，再一次奔赴青海西宁慰问受助的藏族大学生。4 月 17 日，广东星艺装饰集团慰问玉树受助学生座谈会在西宁召开，星艺爱心慰问团在会上向到场的 12 名学生发放了慰问金。

　　在此后近三年时间里，集团党委书记、监事会主席冷忠先生还多次以个人名义向部分受助学生捐款，送去帮助和温暖。

　　有人说，爱心是一缕春风，可以将忧愁拂去；有人说，爱心是一米阳光，可以将冰雪融化；有人说，爱心是一条流动的河，可以汇成大爱的海洋；还有人说，爱心是一滴甘霖，可以滋润干涸的心灵。我们想说，不论爱心是什么，它都造就了我们生命中最美丽的情感风景，正是因为我们播种了爱心的种子，所以爱在人与人之间不断延续，不断传递，进而生生不息……

　　时光荏苒，如今这些学生在大学里已度过了近三个年头。在这期间，《星艺装饰》编辑部收到他们无数信件，通过书信，他们的成长片段、心路历程给我们带来了无数平实的幸福和温暖。读着感情真挚、言语质朴的信件，他们的自强不息、勤奋好学让我们深受感染，他们拥有的为善之心和行动更让我们深深感动。在他们的身上，我们也领悟到：为善没有门槛，只要心中有爱，只要用心参与，不论做什么、做多少，其实都是在传递爱——传递星艺"爱之声"。

现在，就让我们读一读他们的信，聆听他们的心声。

与受助学生合影

尊敬的星艺装饰集团领导：

您好！

时间过得真快，转眼大学生活已过去两年多。回想当初，如果没有你们的爱心资助，我的大学梦犹如转瞬即逝的肥皂泡，将美丽又很快地消逝。如果没有你们的帮助，我不可能有机会体验精彩纷呈的大学生活，不可能享受到学校里先进的教学资源、优美的学习环境和专业的高等教育。在大学里，我从未忘记学习机会的来之不易，在学习中认真勤奋，取得了不错的成绩。另外，我还积极参加一些志愿者活动，尽自己的绵薄之力，去帮助那些需要帮助的人。

虽然在大学里我学到了很多很多，但你们教给我的为善之心和奉献精神，需要我用一生的时间去学习、去践行。

从进入大学的那一天起，我一边努力学习，不辜负你们的期望，一边时刻告诉自己：不能有依赖的思想，唯有自强才能自立。为了减轻家庭负担，也为丰富自己的社会阅历，我参加了很多社会实践活动，以此来坚定自己努力拼搏、自强自立的信念。

我向你们保证：今后我将更加勤奋学习，用优异的成绩回报你们对我的关爱。在此，也向贵公司以及社会各界热衷公益慈善事业的好心人表达我的感谢及祝福，谢谢你们！

祝你们事业蒸蒸日上，美满幸福！

此致

　　敬礼

玉树学生

2013 年 4 月 18 日

与受助学生合影

亲爱的星艺人：

你们好！

时光飞逝，还有一年我就要毕业了。这两年多的大学生活，充实又美好。学知识，交朋友，为梦想努力奋斗，都是值得感念和回忆的。说真的，我能拥有这些，都是你们以及那些帮助我的人所给予的。对你们，我始终充满无限感激，我目前还不能回馈你们什么，但我真心希望你们一切都好。

在今后的岁月里，我会时刻铭记你们的爱，勤奋学习，努力拼搏，认认真真地完成我的学业，做一个对社会有贡献的人。

玉树学生

2013 年 4 月 15 日

尊敬的星艺装饰集团领导：

您好！

我是你们资助的学生，我在青海师范大学学习。这次，随信寄上一张和老师在教室里的合影，让你们看看我的新变化。

转眼间两年多过去了，我已成为大三的学生了。回忆过去的时光，我没有丝毫的后悔，因为我争取分分秒秒地努力过，坚强地面对着生活中的挫折、无奈与辛酸。我不想让爱我、鼓励我、帮助我的你们失望，我不能把你们热切的期望抛入冰冷的大海里，更不想将来某一天面对自己的学习哑口无语。我也不想让你们那么担心我、挂念我，正因如此，我觉得勇敢面对一切艰难困苦都有了特殊的意义。

用爱去感受生活的点点滴滴，感受身边从不求回报的爱，并为之付出。当我知足于这样的生活状态时，命运之神却把我推向了一个黑暗的世界里，提前预告了我终究有一天会成为聋子的事实。我真的无法去接受右耳全聋、左耳不能拥有正常人听力的现实。有谁感受过，当老师讲课时需要伸长脖子，竖着不健康的耳朵？有谁感受过，当别人说话时，需要去请求讲第二遍、第三遍？面对这个事实，一直很坚强的我，曾流出了眼泪，感觉自己是正常人中不正常的一个。阴影遮挡了我心头的晴空，我甚至有了不该有的想法……可突然想到了日夜操劳的父母、远方给我寄钱并时刻关心我成长的冷叔叔（编者注：冷叔叔为集团监事会主席冷忠先生）以及那些支持、资助、帮助我的每个人，想起他们，我知道纵然有一天自己什么都没有了，可身后还有无数双眼睛在注视着我的成长、我的成功甚至我的失败。

顺着爱的光芒，我坚定自己的信念，我不能放弃，我要在这不正常中拼搏出一片属于自己的天地。感谢你们给予我的爱，是你们的爱，给了我活下去的勇气和理由。有了这份爱，哪怕前路荆棘遍地，我也会勇敢前行。

谁的人生没有经历过挫折？路是人走出来的，这途中所受到的苦，让我学会了潇潇洒洒地微笑，坚定不移地去追求我的梦。命运，掌握在自己手中，我想我可以改变。

再次感谢爱我、关心我、帮助我的冷叔叔以及无数的星艺人。你们的爱，我将永远铭刻在心！

玉树学生
2013 年 6 月 20 日

亲爱的星艺人：

你们好！

不论时光如何流转，我都无法忘记 2010 年 4 月 14 日。这一天，我的家乡青海玉树发生了 7.1 级地震，无情的灾难不仅吞噬了人们的生命和财产，也在活着的我们心头上投下了挥之不去的阴影。随后很长一段时间里，我没有目标，有的只是恐慌、无助。就在我陷入孤独绝望的泥沼中无法自拔的时候，你们给我送来了爱的甘霖，让我获得了新生。正是有了你们无私的帮助和关爱，我才有机会在梦寐以求的大学里幸福快乐地学习。

如今，我已经在大学生活了两年多，我也学到了很多以前没有机会接触的新知识。至今，我还清晰地记得 2010 年 9 月 14 日，这天是新生入学的第一天军训。中午骄阳似火，身上被火辣辣的阳光照射得灼热疼痛，大多数同学找各种借口请假了，可我不想请假。因为这是我在大学校园里经历的第一件事，我一定要把它做好。在军训结束的那一天晚上，我以优异的表现当选为"军训优秀学生"，军训成为我大学生涯中最美好的回忆之一。从那以后，我就对自己说，在今后的四年里，我要开心快乐地完成学业，同时还要做一名优秀的大学生。

此后，我开始起早贪黑地努力学习，积极参加学校组织的各项活动，以下是我在这两年里做过的一些事情：

一、积极参加我院的学生会。在这个团体里，我不仅认识了很多同学，还清晰地认识到作为一名学生干部首先要以身作则，学会为同学服务，更要懂得公私分明。其次要有自信，敢于发言。再次要学会正确处理人际关系。

二、积极参加学校组织的各项活动。在这些活动中，我获得了以下证书和荣誉：普通话二级甲等证书、少数民族汉语水平四级证书、计算机一级证书、诗歌朗诵比赛一等奖、学生会优秀干部奖、武术比赛长拳一等奖、健美操比赛二等奖，

受助学生在大学宿舍留影

等等。通过这些活动，我进一步认识到要想做一名优秀大学生，就必须在德、智、体、美、劳各方面全面发展。

三、参加社会实践支教活动。2012年暑假期间，我积极主动地参加了我校组织的社会实践支教活动。在此次实践过程中，参与其中的同学均有很大的收获，对自己所学的师范专业有了进一步的认知和了解，同时也对今后专业课的学习起到了很好的导向作用。在社会实践期间，我虚心请教，认真学习，理论联系实践，积极将所学专业知识应用到实际工作之中，得到了支教队员和学生的好评。

当然，我能有机会参加以上各种活动，拥有提升和锻炼自己的机会，都要感谢星艺装饰集团的各位好心人对我的关爱和帮助。其中不得不提的一件事就是大一下学期我的母亲生了一场重病，当我知道母亲生病的消息后，感觉天都快塌下来了，没有心思学习，也没有心思吃饭，只想快点去赚钱为母亲治病，让她早点摆脱病痛的折磨。于是，每天课后我都抽时间去打工赚钱，在饭馆当洗碗工，在街上发传单，等等，尽管什么工作都愿意做，也去做了，可是对高额医药费来说，我所赚来的钱简直是杯水车薪。就在我最无助的时候，星艺装饰集团的余大伯、冷叔叔（编者注：余大伯为星艺装饰创始人余静赣，冷叔叔为集团监事会主席冷忠先生）等好心人再次向我伸出了温暖的援助之手。

每当想起你们的帮助，我都心存感激，是星艺装饰集团的叔叔、阿姨、哥哥、姐姐的帮助和关爱，让我能勇敢面对困难，继续追逐梦想。我会努力加油，快乐学习，为梦想拼搏。

在大学的这两年里，有艰辛，有苦楚，但更多的是收获和欢笑。在不断挖掘自己潜能的同时，我得到了锻炼，并不断充实、完善自己，用青春描绘梦想，用努力和拼搏续写人生的每一个章节。我相信，只要心中有梦，只要永不放弃，我一定能谱写出属于自己的华美篇章。今后，我会加倍努力，扬长避短，继续拼搏，再创佳绩，力争用实际行动回报社会，回报在我困难无助时给我帮助和让我重生的可亲可爱可敬的星艺人。

"实力和自信"是我进步的原动力，我对自己的未来充满希望。我坚信：只要自己不放弃，就一定能取得更加辉煌的成绩。在今后的人生道路上，我会更加努力，争取在学习、生活、工作上更上一层楼。在校期间，我要不断完善自己，做一个对社会有益的优秀大学生。

最后，请接受我最真诚的祝福：祝你们身体健康，工作顺利！祝星艺装饰集团越来越好。

玉树学生

2013 年 6 月 15 日

尊敬的领导：

首先，对你们的关爱和资助，我在此表示真诚的感谢。好久都未给你们写信，一来不知从何写起，二来怕让你们失望，心里有点忐忑不安。

今年寒假期间，我没有在家休息，而是选择和玉树的孤儿们在一起，教给他们一些我在学校学到的音乐知识，让他们不再孤独。目前的我，能做的仅是这么一点点。因为我知道，当我需要帮助的时候，是你们伸出了援助之手，那种感觉是最温暖的。

在这大约两个月的时间里，我每天过得很充实。和那些"失去家园"的孤儿们住在一起，每天给他们教课，陪他们一起玩。看到他们的笑容，我感觉很快乐。我跟他们一起过年，给他我所能给的爱。放假期间，我给父母打了几个电话，过年也没跟他们在一起，但父母还是很理解我。因为他们知道，在我最困难的时候，得到了你们的帮助，我才能走进大学校园。如今，我要带着这份沉甸甸的爱，继续努力前行。现在，我只是个学生，力所能及地帮助一些孤儿，这是我唯一能做的，也感到很开心。过年，我带他们一起到公园玩，元宵节带他们一起去看花灯，看到他们脸上的笑容，充满了爱，没有当初父母离开他们时满脸的悲痛和恐惧，看到他们慢慢走出了阴影，我的心里也特别温暖。说真的，有了爱，一切困难都会过去。

最后，祝各位领导身体健康、工作愉快！祝各位星艺人万事如意、美梦成真！

玉树学生

2011 年 5 月 12 日夜

受助学生献爱心活动

爱让我不孤单

玉树学生

恍然间，高中的生活已悄悄走远，我终于踏进了渴望已久的大学。大学的生活，并没有我想象中那么美好，或许是对它期望太高，难免会失望。

本以为大学的生活是轻松的、快乐的，可真正进入大学后，我才发现大学原来并不是那么自由、轻松，在这儿我们不但要学习好知识，还要懂得如何打理生活。身在异乡的我，这时才知道，要学会自立，再也不能依靠父母来生活了，赚钱真的很不容易。所以，在今后的道路上我会努力学习，找到一份自己喜欢的工作，来实现人生的梦想。这就是我的大学生活，在这里我没有奢侈，没有消遣，有的只是努力学习，打理好每一天的生活，珍惜好每一天的时光。

学习，对我来说是一种快乐的体验，我只有学习时才没有任何烦恼。每当打开书本，我才不觉得累，才能忘却一些地震带来的"伤痕"。现在，我只有学习，用知识去迎接我的明天。

如今，我真的觉得自己很幸运，有你们浓浓的爱，有你们真心的关注，我并不觉得孤单。我相信，知识可以改变命运。所以，在今后的学习生涯中，我会尽自己最大的努力好好学习，认真完成我的大学学业。同时，我会珍惜好生命中的每一次机遇，并且会把它利用好，来做一个不断上进、充满力量的人。天道酬勤，我一定用自己的刻苦努力来完成我的大学，来实现我的梦想。

铭记你们的爱

玉树学生

我家在玉树州称多县拉布乡的一座不算巍峨却很高大的山脚下，家里有七口人——父母、大哥、三个姐姐和我。父母是农民，哥哥是和尚，大姐已经嫁人了，二姐、三姐和我一样是学生。我的父母都已60多岁了，并且都做过手术。在玉树大地震中，我家的房子倒塌了，本来不宽裕的家境更加贫困了……

熬过一个酷夏的折磨，经过一次大地震的摧残，在煎熬和恐惧中，我终于迎来自己的大学生活，开始了新旅程。

在一个新的环境中，接触了许多老师和同学后，我突然明白，原来的我生活在一个多么渺小的世界里。人外有人，天外有天，虽然这里的我，不再和以往一样，是老师和同学心目中的幸运儿。可此时的我，却是一个不断进取奋斗的我，这让我感到更加真实。

人都追求超越，我也一样，在自我超越中，努力寻找一个更为真实的自我。大学的生涯是一个重新学习的过程，没有我美梦中那么悠闲自在，也没有传说的那么美好。对我来说，大学是我人生的另一个起跑线。在这里，我不仅要学好文化知识，更要懂得如何做人，要学习怎样打理生活，要安排好每天的功课，这一切都需要自己独自来面对。我也渐渐明白了一个道理：要生活就要什么都学，上天总是把机遇留给了那些勇于超越的人。我必须每天超越，实现一个又一个理想。所以，为了家人，为了帮助过我的人，更为了自己的梦想，我不会也不能迷失在都市的繁华中，不能让享受和堕落走进我的生活。我要不断进取，努力奋斗，在布满挫折的道路上，我要做一个坚强的人。面对失败，我不再那么恐惧，也不会退缩，坚守自己的信念，给自己一个坚强的动力，给生活一份真实的承诺。

在今后的大学生活中，我会铭记你们的爱，努力学习，争取早日完成我的学业，做一个对社会有用的人。

谢谢你们的爱

尊敬的星艺装饰集团的爱心人士们：

你们好！

我是青海玉树的学生。在寒冬来临之际，我向你们致以真诚的祝福，祝你们工作愉快，身体健康，家庭幸福！

2010 年 4 月 14 日，是我成长至今最痛苦的一天。当天早晨 7 时 49 分，我的家乡遭受了突如其来的 7.1 级大地震的摧残。一栋栋楼房在我眼前倒塌，一个个亲人朋友离我而去，随后，我们的生活也陷入了一片"废墟"中。我在为同胞的遇难而难过的同时，也在为我自己的学业心急如焚。面对昔日美丽的家园瞬间成为一片废墟，我失望过，也痛苦过。就在我对生活感到绝望的时候，是你们，让我看到美好未来的希望，给了我继续学习的机会，让我终于迈进了大学的校门，让我真正感受到"天地无情人有情"。在此，我真心地感谢你们在我人生困难的十字路口拉了我一把，是你们的爱心之火照亮了我求学的道路，让我有勇气走向未来……谢谢你们的爱！你们的大恩大义、大情大爱，我会终生铭记在心！

我现在就读于山东菏泽音乐艺术学院北京分院，攻读音乐制作专业。在这里，我将认真学习，争取早日成才，以自己的实际行动回报你们，回报社会……也许，这句话现在看来只是一种感恩，但我会带着这种感恩上路，实现我小小的承诺。谢谢你们，感谢你们对我的帮助，给了我生活的自信，让我对生活充满希望。在校期间，我一边努力求学，一边在学校的帮助下勤工俭学，这不仅让我学会了生活，更让我懂得了珍惜和爱。

相信我，我会学习好、生活好的！我不会辜负你们和家人对我的期望，更不会让曾帮助过我的人失望的。我会好好学习，不断进步，为家乡的建设尽自己最大的力量。

我在这里学到了很多东西，这边的教学环境很不错，学习氛围也很好，学校给了我很多照顾，让我在学校里勤工俭学，还每月资助我 300 元的餐费。

由于时间关系，就此搁笔了。今后，我会告诉你们在校的学习和生活情况，真心地谢谢你们的关爱和支持。

最后，再次祝你们身体健康，工作愉快，万事如意！扎西德勒！

此致

　　敬礼

玉树学生

2010 年 11 月 21 日

做一个有用的人

玉树学生

　　大学的校门是你们为我打开的，因为你们的帮助，我们才实现了"大学梦"。在这里，我可以学到很多知识，也认识了来自全国各地的同学。虽然，学习上很紧张，偶尔也想起离我远去的亲人、朋友和同学，但我不会因此放弃你们给我的学习机会，我会化压力为动力，努力学习，争做一个有用的人，回报曾帮助过我的每一个人。

　　现在，我在这里学习生活都好，一切还算适应。在经济上，你们的帮助，让我减轻了压力，在精神上，同学的真诚付出，让我得到了很多温暖。在地震中，我失去了很多生命中重要的人，也懂得了很多，自己似乎在一夜之间"长大"了，我知道这是一种"残忍"，但我更希望这种成长变成一种动力和对失去生命的怀念。有句话说，我不能决定生命的长度，但可以拓展它的宽度。我想让学问把我的人生变得更精彩、更完美，同时我也努力从地震的阴影中走出来，全神贯注地投入每天的学习当中去。我想，这才是我目前唯一能够做好的。

　　请相信，我一定会珍惜这次来之不易的学习机会，努力做一名合格的大学生。虽然我现在没有什么能力来报答你们，但我一定会努力学习，将来以优异的成绩来回报社会。同时，我也会帮助更多需要帮助的人，做一个充满爱心的人，如你们一样。

　　谢谢你们的爱，让我们明白了传递爱、奉献爱的意义。这些图片，是我今年暑假的一些努力和收获。每次假期和这些可爱的小孩在一起，我很开心，也觉得自己在慢慢地长大。目前，我做的虽不是什么大事，但正是你们的爱，让我勇敢向前，始终坚持为社会服务。

爱心传递

爱心传递

传递爱，让爱"在线"

（2013 年 7 月 10 日）

玉树藏族自治州教育局
致向地震灾区捐款者的感谢信

尊敬的星艺装饰集团余总及全体员工：

2010 年 4 月 14 日 7 时 49 分，青海玉树藏族自治州玉树县发生百年罕见的 7.1 级大地震，给人们的生命财产造成了巨大的损失，此后你们积极响应党中央、国务院和各省委、省政府的号召，把灾区人民的危难视为自己的危难，把国家的责任视为自己的责任，站在支援灾区的前列，慷慨解囊，捐资助学，献计出力，汇成了一股为灾区解难、为国家分忧的巨大浪潮，谱写了一曲风雨同舟、患难与共的时代之歌，唱响了民族大团结的主旋律。灾情发生后，是你们彰显了人间大爱，彰显了社会主义大家庭的温情，彰显了中华民族的传统美德，你们和玉树灾区人民同呼吸、共命运，积极投身到玉树灾后重建上来。在此，玉树藏族自治州教育局谨向你们给予灾区人民的鼎力支持和无私援助表示衷心的感谢和崇高的敬意！

当前，全州教育系统抗震救灾任务依然十分艰巨，灾后重建工作正在有序进行。贵集团本着"让爱成就梦想"的宗旨，捐资 60 万元资助 15 名贫困大学生，将使灾区 15 名贫困学子得以继续就学，最终完成他们的人生目标。为此，我们代表玉树州所有教育工作者感谢你们，我们代表所有受资助学生感谢你们，我们代表玉树 35 万藏族人民感谢你们。

我们坚信，在党中央、国务院和省委、省政府的坚强领导下，在全国人民的巨大支持下，万众一心，众志成城，玉树人民一定能够渡过这次特大地震灾害的难关，重建美好家园。

再次真诚感谢你们对灾区人民的一片爱心和无私援助！

玉树藏族自治州教育局

2010 年 8 月 22 日

2013 年 雅安

星艺和你在一起

大爱

雅安，星艺和你在一起

文 / 北雁
摄影 / 星艺

2013 年 4 月 20 日 8 时 2 分，一场大地震骤然降临在四川雅安地区，转瞬之间，高楼夷为平地，村庄成为废墟。噩耗传来，举国震惊，天地同悲。在雅安正遭受着重大人员伤亡和财产损失的危急时刻，星艺人化悲恸为力量，在第一时间迅速通过前线救援、微博播报、物资援助等多种方式和雅安并肩站在一起。

微救援·星艺人冲锋在第一线

时间就是生命。早一分钟营救，就多一分生的希望。在地震过后不到两小时内，星艺装饰雅安公司全体员工在全启贵经理的带领下迅速赶往灾区，参与救援活动。

微播报·关注灾情，传递温暖

获知雅安地震的悲讯后，余敏总裁第一时间致电要求集团下属《星艺装饰》关注灾情，传递星艺温暖。随后，《星艺装饰》编辑部官方微博一直密切关注各大媒体的最新报道，及时进行灾情的直播、数据的发布、地震小常识、避震要点的整理搜集和参与网络寻人救人活动。此举很快得到了全国星艺人及广大客户、社会各界人士的支持和关注。

微记录·雅安，我们和你在一起

4月20日 10：56

　　"有爱，有家，有星艺"，大灾大难面前，星艺人冲锋在一线。地震过后，星艺装饰四川雅安公司全体员工身穿星艺文化衫，在全启贵经理的带领下参与救援活动。

4月20日 14：12

　　向雅安星艺人致敬！今日下午2时5分，《星艺装饰》编辑致电星艺装饰四川雅安公司经理全启贵了解到，星艺装饰雅安公司全体员工共20多人参与了救援活动，目前他们一行正堵在前往救援的路上。今日中午他们吃面包、喝瓶装水……另外，星艺装饰雅安公司无雅安本地员工。雅安，挺住，我们在一起！

爱心捐助

爱心捐助

4 月 22 日 20：21

　　有爱，有家，有星艺。雅安 7.0 级地震后，星艺装饰雅安公司冲锋在第一线，及时参与抗震救灾。四川公司经过研究决定，为雅安地震灾区捐 100 顶帐篷，尽一份微力，献一点爱心。目前帐篷正在工厂赶制，预计两天后可送往灾区。星艺大爱，从我做起！

　　……

微祝福·爱在星艺，雅安加油

　　雅安，加油！雅安，我们与你同在。雅安大地震后，星艺装饰集团领导对此表示高度重视和密切关注，我们在此摘录三条微博。

余敏总裁微博

4月20日 17：00

非常不幸，雅安今天发生7.0级地震，星艺装饰雅安公司全经理反馈信息，公司人员平安无恙，且无财产损失，并已组织了员工迅速前去灾区参与救援，难能可贵！愿你们平安！你们铁肩担道义，"一方有难、八方支援"的精神，值得我们致敬。

4月21日 21：54

雅安有难，同胞受灾。建议近期星艺装饰各公司推行"帮扶奉献"展会，现场的客户和员工积极行动，捐赠资金。企业捐出现场定金，共同支援地震受灾同胞。特别是在企业服务的员工家庭的灾后重建更需要星艺大家庭的帮助。积极行动吧，勤奋诚实的星艺之友。

4月21日 22：04

星艺祈福，天佑雅安。取之于客户，用之于受灾同胞，也应是抗震救灾的一种方式吧。捐赠展会，请各分公司据各企业的情况酌情安排。把装修交给星艺，你放心做义工去！

灾难可以夺去我们的生命和财产，但夺不去我们的爱心。在大灾大难面前，星艺装饰一直坚持以实实在在的行动奉献大爱、传递幸福，自觉承担企业的社会责任，不论是汶川大地震的捐献，还是玉树大地震时的爱心活动，抑或是江西水灾的捐献现场，哪里有困难，哪里就有星艺的身影。守望相扶，风雨同舟，大爱无言，在那一刻，星艺人永远冲锋在一线，尽一点微力，献一点爱心，送一点温暖。有爱，有家，有星艺！

（2013年4月22日）

凝聚你我力量，奉献一片爱心
——星艺装饰雅安公司走进雅安地震灾区

文 / 星编

第一时间，奉献爱心

4月20日雅安发生大地震，芦山受灾严重。震后，广东星艺装饰集团雅安分公司在全启贵经理的带领下来到了受灾最为严重的芦山县龙门乡古城村李家沟组，给李家沟组带去了被褥以及李家沟组所有受灾同胞迫切需要的彩条布，带去了星艺装饰的爱心和温暖。

全启贵经理第一时间了解了当地的具体情况，并与该村生产队长取得了联系。由于生产队长的工作比较繁忙，公司员工在全总带领下自发地将被褥一一发到受灾同胞手中。随后，全总了解到李家沟组在地震时房屋受损严重，村民都居住在帐篷里，如果遇到下雨天大部分帐篷会出现漏雨的情况，于是将带来的彩条布逐一发到李家沟组所有受灾同胞的家中，并帮助受灾同胞将彩条布搭在所居住的帐篷外，防止暴雨带来的麻烦和损失。

另外星艺装饰雅安公司主要负责人决定：广东星艺装饰集团雅安公司将无偿为雨城区里墙面有轻微裂痕的受灾房屋进行局部维修和局部装饰。全总和公司员工将持续关注和帮助灾区人民。

爱心书包，节日问候

在这个全国孩子都期盼的节日（"六一"儿童节）里，灾区的孩子现在都怎么样了？

他们的脸上还是那样忧愁悲伤吗？一直牵挂着孩子们的星艺装饰雅安公司在节日即将来临之际，为孩子们准备了节日的礼物，奔赴荥经县烟竹乡中心小学陪他们过节。早上8时，满载着对孩子们祝福的车从雅安出发，9时30分来到了目的地荥经县烟竹乡中心小学。一到学校，看着孩子们都穿着节日的盛装，在操场上你追我赶，全总笑了，说："孩子们都还好，希望我们今天的到来会让他们更开心。"

在校长一声号召下，全校7个班，总共178名学生有秩序地来到操场上集合。"六一"表彰大会上，学校表扬了全校在学习中表现优秀的学生，给他们颁发了奖状和奖品。全总也为孩子们送上了祝福，并和孩子们一起合影留念。

全总说："很开心和你们一起度过这个高兴愉快的日子，希望你们好好学习，节日快乐！"接着，全总和员工们一起将"爱心书包"一个一个发到孩子们手上，贴心的全总还为学前班的小孩子每人准备了一套益智玩具，看着这些小孩子们那么乖巧地排着队，用手牵着前面小朋友的衣服，像拉火车一样地去领取节日的礼物，脸上挂着专属于他们的笑容，在场的每一位星艺人都能感受到那份纯真的温暖。

爱心捐助视频截图

荥经县烟竹乡中心小学校长满怀感激地说："'4·20'地震以后，我们同学在心灵上受到很大的伤害。在这次爱心捐助当中，我们的孩子拿到'爱心书包'和益智玩具感到非常高兴，我代表我们师生对广东星艺装饰集团表示衷心的感谢。"

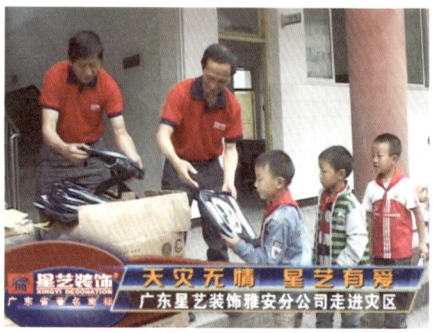

（2013年6月10日）

2014年 鲁甸

爱行千里送温暖

"面对灾难，我们的心永远在一起"

——星艺装饰发起向鲁甸地震灾区
献爱心现场捐款活动

文 / 北雁
摄影 / 北雁

2014 年 8 月 3 日至 8 日，广东星艺装饰集团 2014 年全国经理特训在佛山南海国防教育基地（佛山南海青少年军校）举行。来自星艺装饰全国各单位的 300 多名经理人参加了为期六天的全程封闭式学习研讨和拓展特训。

8 月 3 日 16 时 30 分，云南省昭通市鲁甸县（北纬 27.1 度，东经 103.3 度）发生 6.5 级地震，震源深度 12 公里。地震造成昭通市鲁甸县、巧家县、昭阳区、永善县和曲靖市会泽县几百人死亡，2.55 万户 7.98 万间房屋倒塌，3.92 万户 12.40 万间房屋严重损坏，15.12 万户 46.61 万间房屋一般损坏。

灾区人民的痛苦和面临的巨大困难，深深牵动着每一个星艺人的心。看着受灾现场的残垣断壁，看着被埋生命在废墟中挣扎……一张张图片，一段段视频，让星艺人万分揪心。

8 月 5 日 12 时，在星艺装饰全国经理人特训现场，集团发起"向鲁甸地震灾区献爱心现场捐款活动"，呼吁星艺经理人伸出援助之手，奉献出自己的一片爱心，齐心协力，支援鲁甸地震灾区，为灾区祈福，并将爱心传递下去，将温暖送到灾区。在现场，来自星艺装饰全国 400 多家单位的经理人踊跃上台排队捐款。

经理特训捐款现场

星艺装饰一直将社会责任根植于企业的生命基因之中，在历次自然灾害中都第一时间向灾区同胞伸出援助之手。从 2008 年汶川大地震，到 2010 年玉树大地震，再到江西唱凯堤决堤，以及这次云南鲁甸大地震，星艺装饰多次组织爱心募捐活动。

一位经理人说："一方有难，八方支援。天灾降临，我们无法阻挡，但在突发

爱心款现场统计

灾害面前的强大信心、勇气和团结，是我们战胜困难的保障。尽一点绵薄之力，为鲁甸灾区人民祈福，愿他们早日渡过难关，重建家园。面对灾难，我们的心永远在一起。"

（2014 年 8 月 5 日）

心系鲁甸，星艺爱心救灾团千里送温暖

文 / 北雁
摄影 / 北雁

　　"鲁甸，星艺来了！"8月19日清晨，由星艺装饰昆明分公司熊自茂总经理、张小江副总经理、质检部王继峰经理、昆明分公司策划部肖瑛经理、普洱分公司章登智经理、蒙自和个旧分公司邱迟生经理、曲靖分公司李曾国经理、弥勒工作室经理刘志强以及《星艺装饰》记者等为代表的广东星艺装饰集团"爱心救灾团"从昆明出发，前往云南鲁甸地震重灾区龙头山镇救灾。满满三卡车装满全国星艺人"沉甸甸的爱"——1 800袋大米和大量棉被等物资……一路崎岖，一路颠簸，傍晚时分，星艺爱心救灾团顺利抵达鲁甸县龙头山镇，救灾团成员走访了重灾区，并及时向全国星艺人发布震后现场照片和灾区情况。

　　在重灾区，地震虽然过去了十几天，可灾区现场断壁残垣依稀可见。墙体裂缝如一个个张大的嘴巴，向天空无声呐喊；山体滑坡留下道道裂缝，过往的行人无不心惊胆战；灾区的应急帐篷，如小山丘般一个接一个耸立，拥挤逼仄；医疗救助队驻扎，红十字鲜红刺眼；河水浑浊不堪，可河岸两旁处处是抗震救灾的宣传横幅；灾区挖掘机轰鸣，大抓斗伸来缩去，尘土飞扬；一个失去家的妇人在田间水沟旁清洗衣物，仍不忘感谢前来的社会救灾人士……面对这一切，星艺爱心救灾团成员恨不能长留此地，亲手为他们重建家园。

　　19日晚7时30分，星艺爱心救灾团车队抵达民政部门在鲁甸设立的鸣楼救灾物资接收点。一天的长途旅途本已是疲惫不堪，可爱心救灾团成员仍然不顾劳累，在昆明分公司熊自茂总经理的指导下，每人吃一盒方便面充饥后，随即投入爱心物资搬运工作之中——将

爱心车队到达灾区

爱心"入库"接收点没有工人，星艺人就亲自动手，无怨无悔。1 800袋大米和大量棉被，星艺爱心赈灾团成员一袋一袋搬运，一床一床堆积。晚10时30分，爱心救灾团成员终于卸完全部星艺爱心物资，全国星艺人的爱终于全部"入库"。

哪里有需要，哪里就有星艺人的身影。心系鲁甸，星艺爱心救灾团千里送温暖，为鲁甸地震灾区送去了帮助，送去了希望，送去了一份浓浓的关爱。

救灾现场

（2014年8月21日）

星行动　爱相随

有爱就有"奇迹"

文 / 北雁
摄影 / 北雁

编者按

　　2012年12月6日下午，广东星艺装饰集团股东大会在广州华金盾酒店银色大厅举行，来自星艺装饰全国各分支机构的363名股东参加了大会。会上选举产生了新一届董事会和监事会成员。在大会即将闭幕之时，大会组委会得知星艺江夏经理翁逢兵六岁的女儿遭受意外伤害，正在医院接受治疗，治疗费用高达20万元。集团领导第一时间发出倡议，并举行了全体股东爱心募捐活动，现场短短几分钟时间，筹集爱心款共计41 600元。捐款结束后，管委会涂洁总监现场委托武汉公司员工把爱心款转交其家属，把星艺人的爱和慰问带给他们……

　　在爱心募捐结束后，集团领导一直高度重视和关心受助小孩的病况和康复情况。欣闻受助小孩经过各方积极援助救治，病情好转，两个月后康复出院，住在家里慢慢休养和调整。后来，湖北子公司张友峰总经理在广州开会时，把此好消息转告了集团领导。余敏总裁得知此消息后，第一时间安排和嘱咐《星艺装饰》记者奔赴星艺江夏采访看望受助小孩。其间，因时间安排等因素，直至2013年5月30日采访才得以成行，我们亲临翁逢兵一家的住所了解了有关情况。

　　5月30日下午2时，记者赶往翁逢兵一家人在武汉的住所时，未看见受助小孩的身影，

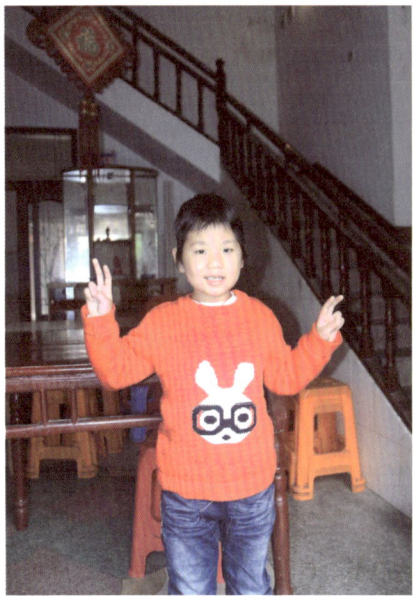

受助小孩

却先听到一个小女孩爽朗的笑声。抬头一看，在二楼楼梯的拐角处，有一个小女孩正探着小脑袋往下望。翁逢兵经理提高嗓门喊着说："慢慢走下来，小心点！"

随后，翁逢兵经理伸手指着说："这是我女儿，当时就是从她站的那个地方摔下来的，而且是头着地……"记者用目光估量了一下，楼层大概有三米多高。

小女孩慢慢走下来，记者上前问："你叫什么名字啊？"

"我叫翁小茜，你叫什么啊？"记者笑了笑，轻轻地拍了拍她的肩膀，蹲下身和她攀谈起来。

从简单的对话中，记者从未感觉她有什么不同，听着她甜甜的笑声，一直揪紧的心终于可以放松。果然如他们所言，孩子术后康复得非常不错。她的一言一行、一举一动，和健康的孩子没有什么两样，并不像是刚刚经过两次大的手术抢救、从死亡线上拉回来的小生命。

这时，从楼梯上走下来一位中年妇女，满面笑容。经过相互介绍，才知她是翁逢兵的爱人、孩子的母亲李剑女士。翁逢兵经理嘿嘿一笑，说："她的名字，像是个男的。"

随后，李女士讲述了孩子从楼梯摔下来的整个过程，记者一直默默聆听。

2012 年 11 月 18 日的那个下午，是翁逢兵一家人痛苦难忘的时刻。李女士回忆说："当时，孩子摔得可惨了，瞳孔放大，看着都吓人。叫救护车先送到江夏医院，病情特别严重，医院束手无策，随后又急转至广州军区武汉总医院，当晚就做了右脑开颅手术。主治医生模棱两可地对我们说，即便救治过了，也可能是个植物人，一辈子都需要人照顾……"说到这里，李女士眼眶里的泪花在打转。可她还是忍住泪水继续说："我什么都没有想，只要能够救活她，我甘愿下半辈子讨吃讨喝都为她而活。当时，我就是这么跟医生说的。"记者听后，不禁对这位坚强的母亲投以敬佩的目光。

记者看见翁小茜一直在旁边问这问那，于是建议："你唱首歌给我听，好不好？"她嗳嚅地说："我给你背《三字经》好不好？"李女士也道："背一背，看你现在能记多少？"

"人之初，性本善。性相近，习相远。苟不教，性乃迁……一而十，十而百，百而千，千而万……"背诵到这里，她搔头抓耳想了一会儿，还是没想起来，于是笑着跑开了。过了会，又拿出书本，在李女士的指导下，认真地写起字来。

就在这时，李女士对着记者说："感谢星艺人，感谢集团领导，他们的救助和爱心，我们一直会挂念在心上，可我们真不知道该怎么去表达，希望能借《星艺装饰》的一角，谨此对那些帮助我们、关心我们的星艺人表示谢意。星艺，给了我们

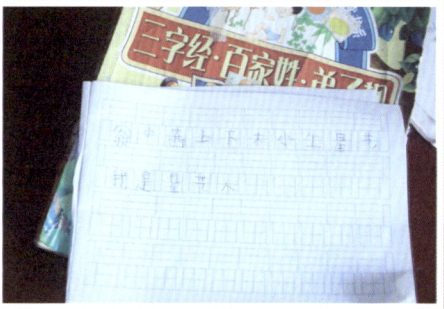

受助小孩学写"我是星艺人"

太多太多的温暖……"说到这里，她又补充说："尤其是张友峰总经理，他是我们女儿的救命恩人。女儿住院的前几天时间，他几乎整天都陪在医院里看护，那一段时间，他公司、医院两边跑，太辛苦了……"李女士一边说，一边指导女儿在作业本上写了几个字。记者走近一看，作业本上歪歪斜斜地躺着这么几个字："翁小茜……我是星艺人！"

小女孩翁小茜写完字后，高兴地唱起歌来："小嘛小儿郎，背着那书包上学堂……没有学问啰，无颜见爹娘……"在记者全程跟踪采访的一个下午的时间里，这首《读书郎》儿歌，虽然只记住了这么几句，翁小茜唱了无数次。每唱一次，都伴随着开心、快乐、幸福的笑声。

在此次采访中，听了李女士的话，记者得出这样一个结论：每一个快乐、活泼、健康的孩子，背后往往有一个坚强、勇敢、伟大的母亲。

另据记者了解，李女士从2002年走进星艺装饰，掐指算来已有十一年光景。在星艺桂林工作服务了七年，后来又和爱人一起来武汉江夏创业，担任公司的材料员。他们一家人，早已把星艺当成了自己的家。李女士告诉记者，女儿的这次意外伤害，改变了他们一家人的想法。曾经认为生命中那些不太重要的东西，比如平安、健康和快乐，现在却是他们认为最

重要的。一家人在一起，健健康康，快快乐乐，其实比什么都重要。

如今，他们才六岁多的女儿翁小茜经过医生的极力救治和星艺人的爱心呵护，已经走出了医院，走出了病痛的折磨，像一个快乐的小鸟一样，整天叽叽喳喳地，给他们那个曾阴云密布的家庭带来无限欢乐，以及对未来美好生活的无限希望。正如李女士对记者所说的："我们的女儿，能在66天的时间里就走出医院，且康复得这么好，连医生都说，这是个奇迹！"

是的，有爱就有"奇迹"！

有星艺的大爱，就一定可以创造生命奇迹。

不过，记者在此还是提醒所有星艺人：心存大爱，留意脚下，别让太多"意外"扰乱和破坏我们平静、幸福又美好的生活。

有爱，就有"奇迹"；有爱，就有星艺！让我们见证星艺爱的"奇迹"，让我们传递爱的接力棒，让星艺爱一直"在线"。

爱的微笑

（2013年6月2日）

"爱心书架"和图书，
为爱插上知识的翅膀

文 / 北雁
摄影 / 北雁

题记

　　为进一步发挥党员先锋模范作用，努力加强企业党组织文化建设，发挥党员员工在经营中的先进性作用，引导广大党员立足岗位树先锋、作表率、争先进，不断推进创先争优活动深入开展，在结合企业发展实际情况的基础上，中共广东星艺装饰集团股份有限公司党委、集团机关支部委员会联合暨南大学资产经营有限公司党委开展扶贫助学爱心活动。由星艺装饰集团党委书记冷忠，党委委员郝峻、卢邦金、郭晓华，集团机关支部书记侯江林、广州工程公司设计中心党支部书记袁建华以及集团机关支部党员和暨南大学扶贫办公室主任汪建春，暨南大学资产经营有限公司委派下属企业暨南大学出版社党支部书记杜小陆、组织委员曾鑫华、艺术教育编辑室主任郑向农等组成的"星艺装饰爱心团"远赴清远市阳山县黄坌镇高陂小学（广东省重点扶贫对象、暨南大学扶贫点）开展扶贫助学爱心活动。

　　迎"七一"建党节，扶贫助学献爱心。2015 年 6 月 26 日，我跟随"星艺装饰爱心团"车队经过四个多小时的颠簸到达阳山县黄坌镇，又在一条只有 3.5 米宽的进村公路上摇摇晃晃行驶了十几公里后，才抵达本次爱心活动的受捐点——高陂小学。

　　学校坐落在青山绿水之间，风景秀丽。教学楼是新建的，特别显眼，和旁边破旧的农舍形成鲜明的对比。十个学生，一个老师，一个校长……大大的学校，空荡荡的，极静。有一个篮球场，却不见一个学生，只见围墙上一条极为熟悉的标语：发展体育运动，增强人民体质！

这就是我眼前的高陂小学。

看到这样一所寂静的学校，我在微博默默写下这样一段话：有一种疼痛，是因为对比太强烈。看到这所偏远山区只有十个学生、一个老师、一个校长的学校，竟然有这么一句让我想起那个热血沸腾年代的标语——发展体育运动，增强人民体质！如果时光倒回二十年，看到这标语，我也许会立刻高声呼喊"团结紧张，严肃活泼……"但在今天，我沉默了！心，也像被一块石头砸了一下！

据暨南大学扶贫办汪建春主任介绍，阳山县是集"老、少、边、穷"于一体的广东省扶贫重点县，需要实施搬迁的不具备生产生活条件的贫困村庄有 380 多个。阳山境内有广东最高峰——秤架山，海拔为 1 920 米，秤架山上有岭南最大的国家级原始森林公园，山清水秀，风景旖旎。

扶贫助学活动，我们在路上

　　黄坌镇高陂村，地处黄坌北部，距圩镇约 12 公里，是阳山县重要的革命根据地之一，曾谱写了"高陂民兵奋战 108 天"的辉煌战斗篇章，民兵英雄代表曾受毛主席接见。据有关统计，黄坌镇目前人口 2 100 多人，400 多户，耕地总面积 1 500 多亩，现辖村民小组 19 个。

　　到达高陂小学后，看到十个孩子站在二楼教室的过道上，只是静静地往下张望，无声无语，像是有些害怕。那一刻，我突然感到一种说不口的悲伤。

　　这时，幸好校长来了。在校长的鼓励下，孩子们才七嘴八舌、嘻嘻哈哈地长长地喊了一声："老师好——"

　　这一声声清脆稚嫩的声音，打破了学校的沉寂，打破了大山的宁静。

　　走进高陂小学二楼的图书室，我看到由集团党委捐助的星艺装饰"爱心书架"已经摆放在那里，上面摆放了几百本由暨南大学出版社编辑老师精心挑选的星艺装饰"爱心图书"。爱心团随车也带了一些由郝峻副总裁个人以及几位老师捐助的爱心图书，在冷忠书记的带领下，大家便一本一本地摆在书架上。

"爱心书架"

　　在书架前，集团党委冷忠书记动情地说："孩子们要好好读书，努力学习，听老师的话，祝愿你们健康、活泼、快乐，争取早日成才。有空，我们还会来看你们的！"

　　随行的暨南大学老师还鼓励孩子们努力学习，争取将来能够考上大学，用知识改变命运，并欢迎他们将来报考暨南大学。

　　在高陂小学二楼的教室里，暨南大学出版社杜小陆对我说："心中有爱，就去为爱行动。哪怕只是一点点，哪怕有人说你是在作秀，但总比只说不做要好一些。如果能常常为爱'作秀'，把爱时刻放在心上，其实就够了。"听后，我不无感慨。爱，奉献即好，不要想太多，也不要轻易去质疑，更不要因为他人的闲言碎语和误解批评而停止爱。同时，我也想起一句歌词："只要人人都献出一点爱，世界将变成美好的人间……"

党旗飘扬，爱心传递。扶贫、助学，送温暖，献爱心。让我颇为感动和欣慰的是，星艺，爱一直"在线"。星艺装饰"爱心书架""爱心图书"，为爱插上知识的翅膀。

让爱永在

走出学校，身后是一片沉寂。没有琅琅的读书声，没有上课下课的铃声，没有歌声，没有笑声，只有寂静，可怕的寂静。

在返回的路上，郝峻副总裁给我讲述了一段他的故事。

爱心传递

他感慨地说："这些留守的孩子们，太可怜了！给他们捐书，鼓励他们好好学习，这也许是最好的捐助方式。有了知识，才能真正脱贫，才能走出这偏僻落后的大山。我小时候家里特别穷，买不起一本书。当时，我常常抽空去县城的新华书店借读……"忽然一个急刹车，车停住了。

路的前面，一老一小，一个老奶奶举着竹梢打不听话的孙女。阳光穿过树梢，她们在山路上渐渐远去的斑驳背影，显得落寞而孤寂。

过了一会儿，郝峻副总裁又接着说："一次，我蹲在书店的角落看一本《新华字典》，看得入了迷，突然被店员夺走了，把我赶出了书店……从那以后，我就发誓，我这辈子要读遍天下的好书。这么多年来，我没有其他的追求，有空就读一读书。这些孩子们，我们给他们送书读……"

我一想，此次捐助的那几百册书，只要有一个孩子读了，能多多少少对他的人生有所启迪和帮助，这次就没有白来。希望高陂小学的那些孩子们，以及高陂村的那些"戴着贫困帽子"的村民们，有空能够去"爱心书架"前站一站，随手拿起一本书读一读，用知识改变自己、改变命运，从而真正"脱贫"。

扶贫助学活动合影

　　我又想，高陂小学的那十个学生，命运恐怕还不算最差的，至少他们已经被"关注"，也有高校扶贫的老师陪着他们，为他们的明天着想，出谋划策。在我们的国家，还有成千上万的生活在偏远贫困山区的孩子，他们都有一个共同的名字——"留守儿童"。常听人说，陪伴是最好的爱。可他们的童年没有陪伴，他们的思念无处诉说，他们哭了，累了，受伤了，无人安慰，无人关照。他们，是我们这个时代的疼痛。

　　走出了大山，我们的心似乎还在那里。我的眼前，时时浮现出那些留守孩子一双双空洞的眼神，以及那一张张写满无奈和悲凉的面孔。当然，也有我们带给她们的快乐的笑脸……

　　写到这里，我只想发出一个真诚的呼吁："星"动起来，让爱一直"在线"！

　　星艺装饰，把爱写进企业文化，奉献爱，坚守爱，弘扬爱，传播爱……星艺，爱一直"在线"！

　　有爱，有家，有星艺！这不是一句空洞的口号，这是星艺人践行大爱的誓言！

　　爱是什么？爱是一双温暖的手，爱是一颗滚烫的心，爱是不能没有你，爱是我们在一起。我虽不认识你，但我时时刻刻关心你，分分秒秒牵挂你。

　　扶贫助学，爱在这里凝聚。

助学现场

（2015年6月26日）

（捐助活动当晚，郝峻副总裁写下以下两首诗）

我叫"留守"

我笑无忧
我忆无愁
咿呀在爷爷的牛背
断奶在奶奶的背篓
公鸡喔喔旭日升出山头
蛐蛐戚戚月亮落入岭坳
山是大摇篮
风是催眠曲
妈妈的乳香
爸爸的暖手
依稀逝去
已然远走
谁让我是大山的子孙
谁让我有山民的宗祖
静静时
我只恨出山的那个路口
是你
把我快乐的童年
夺走
是你
让我的名字叫作"留守"

我不"留守"

我喜欢追赶田埂上的蚂蚱
我害怕太阳每次落下山垭
我想"骑马"
可爷爷僵硬的脊梁已经弯不下
我不想去学校
又怕奶奶手中辣痛的小竹桠
红红上学期走了
下学期花花又要去城市的新家
空空的教室我很害怕
我常搂着我家的小黄狗
偷偷哭喊：
爸爸啊——
妈妈啊——
何时回家

爱的守望

133

弘扬大爱精神，
圆"空巢老人"家居改造梦

文 / 星编
摄影 / 星艺

近日，星艺装饰广州总部派出数支施工队伍，每天分别前往广州荔湾、越秀、海珠、白云、天河等区域，上门为多户"空巢老人"进行家居环境设备的维修服务。"空巢老人"多因体质较弱、无依无靠、能力有限，缺乏足够的资金，其家居设备存在着多种安全隐患。

据了解，星艺装饰广州总部目前已全力赞助了将近 10 万元，对多户

爱心活动现场

"空巢老人"提供了帮助，并发动了多位设计师和工程监理，从施工过程中的粉刷墙面、维修门窗、更换电线、添置新家具等到施工后的维护，全方位地完成老人们所期待的家居改造梦想。在这些天的施工中，设计师、工程监理与老人们更是结下了深厚、温暖的友谊，为老人们送去家居维修帮助的同时，更给予了老人们贴心的问候与关怀。

星艺装饰向全社会呼吁共献爱心，为每一个成功签约星艺装饰广州总部的客户向"空巢老人"捐助 100 元的爱心基金，客户将获得由广州义工联颁发的"爱心善款捐助证书"，以

嘉许捐助者的关爱善举。星艺装饰携手广州义工联，用大爱去关怀每一位"空巢老人"，用行动去帮助他们拥有一个美好的家居环境。

（2011 年 10 月 1 日）

"关爱今天的老人，
就是关爱明天的自己"

文 / 星编
摄影 / 星艺

　　为贯彻落实"十八大"精神，切实关心关爱老人，特别是独居老人的健康状况和生活条件，12 月 14 日，中共广东星艺装饰集团海南有限公司党支部和"慈爱计划"志愿者社团共同发起了关爱农村贫困户和孤寡老人公益活动，组织农村独居、贫困、残疾、自理能力较弱的"五保户"老人前往海口市琼山中医院进行身体检查，并为老人建立健康档案，为老人们安享健康快乐的晚年生活尽一份力量。活动在星艺装饰海南公司与"慈爱计划"志愿者社团的密切合作下，取得了良好的社会效应。

　　根据海南公司党支部的统一安排，星艺装饰海南公司党员、员工及志愿者共同走进敬老院，与贫困户、孤寡老人进行互动交流，组织和安排老人参加体检，并给老人赠送日常生活用品，为改善五保户老人的生活环境、关注老人精神世界、提高老人的生活质量提供帮助。

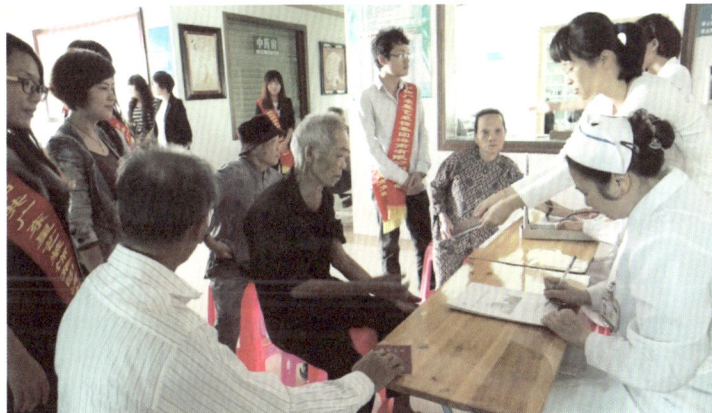

"慈爱计划"活动现场

　　本次"慈爱计划"活动得到了海口市琼山中医院的支持，医院方面同意免费赞助全部检查项目费用，检查内容包括测血压、血常规、肝功能、肾功能、心电图、B超和胸片检查等。星艺装饰海南公司负责提供接送车辆，购买老人日常用品以及为老人建立个人健康档案等。

　　活动过程中，星艺装饰海南公司员工一路搀扶和陪同老人进行身体检查，帮助老人领表、填资料、记录档案。石奶奶是云龙镇儒林村的五保户，也是本次关爱的对象。检查过程中，海南公司员工一路陪同和搀扶老人进行身体检查，主动与她谈心交流，细心地了解她的生活起居、饮食健康和身体状况。石奶奶交谈中时时露出笑容，敞开心扉与星艺装饰海南公司员工一起分享了自己过往的故事。

　　听说星艺装饰海南公司员工要来看望他们并安排他们去琼山中医院进行身体检查，陈大爷很高兴，一早就来到云龙镇政府等候。陈大爷年逾古稀，但是身体依然硬朗，精神状态很好，检查过程中陈大爷和星艺员工有说有笑。陈大爷聊到了自己在敬老院的生活和娱乐活动，从他的笑声中，可以感觉到他在敬老院生活得很顺心，很舒适。

本次公益活动受到了老人们的普遍欢迎，他们不仅享受了健康免费检查，还感受到了星艺装饰海南公司员工的温暖和关怀。活动的最后，工作人员给每位老人送上日常生活用品并和老人们一起合影留念。

记者采访本次活动的组织者和负责人时，他们纷纷表示："关爱今天的老人，就是关爱明天的自己。"老人不需要很多的物质生活，相反他们在乎的是精神上的安慰和陪伴，我们能和老人多一些交流，多一些相处，给他们多一点关注就是老人莫大的欢乐，他们就会感到满足。老人的今天就是我们的未来，关爱老人就是关爱自己。给老人多一份关爱，多一份温暖，就是给我们的未来多一份保障，多一份榜样。活动希望借此呼吁社会各界爱心人士给予老年人更多的关注和支持，为农村贫困户和孤寡老人健康创造和谐、关爱的社会氛围。希望通过我们的行动吸引并影响周围的人参与进来，形成一种"百善孝为先"的社会风气，让更多的人感受到星艺装饰的温暖和爱心。

（2012 年 12 月 14 日）

关爱老人，我们永不忘

关爱留守儿童，建设幸福星艺

文 / 涂双
摄影 / 星艺

2015年1月7日晚，由爱恩联盟·IN48爱心公益团队等主办的"让爱托起明天的太阳暨希望童园大型慈善晚会"在贵阳举行。星艺装饰贵州分公司副总经理舒茂峰、贵阳分公司经理李幼群作为企业代表上台领取爱心奖杯。舒茂峰作为爱心企业代表发表了爱心感言。

在晚会颁奖仪式上，舒茂峰

慈善晚会

激动地说，这不是星艺第一次参与爱心活动。2008年初的贵州凝冻、2008年"5·12"汶川大地震、2010年"4·14"玉树大地震，星艺装饰全国各单位包括贵州公司都积极参与了爱心捐赠。2012年底，遵义星艺在关注留守儿童活动中捐款20多万元。2013年底，贵州星艺再次携手中国银行对贵州黎平县尚重镇民族中学进行爱心捐助活动。贵州星艺时时不忘奉献企业爱心，弘扬大爱文化，建设幸福星艺。

"出于种种原因，贵州山区许许多多的孩子跟现代文明至今遥遥相望，从没有走出过自己的家乡，他们的童年并不多彩，他们的愿望简单到我们无法想象：可能是一支画笔，可以

139

画下自己的梦想；可能是一双没有破洞的鞋子，可以让冬天不再寒冷；可能是一扇不透风的墙，可以让手指不长冻疮……星艺装饰希望能够和爱心人士一起尽一份微薄力量，让这些孩子能跟大多数孩子一样，童年缤纷多彩、快乐幸福。"舒茂峰话音刚落，现场便响起了一阵热烈的掌声。

此次活动旨在通过歌声传递大爱，唤起社会各界爱心人士对贵州山区留守儿童的关爱，助力"贵州山区希望工程基金——希望童园计划"。晚会由"渴望""关怀""爱心""成长""传承""明天"六个篇章组成，为观众们打造了一场震撼人心、视觉与听觉双重享受的公益盛宴。

爱恩联盟·IN48爱心公益团队由一群来自世界各地，有着不同的职位、身份、个性的企业家、公务员、海归等爱心人士组成。活动中，他们通过积极向朋友、爱心企业进行劝募，为"贵州山区希望工程基金——希望童园计划"募集到40万元爱心善款，用于在织金、习水认捐10所希望童园，此举将惠及300余名贵州山区留守儿童，让孩子们能够在社会各界爱心人士、企业的关怀与呵护下畅享快乐童年。

（2015 年 1 月 7 日）

晚会现场

余姚抗洪日记：
风雨同舟，共抗洪灾

文 / 星编
摄影 / 星艺

　　2013 年 10 月，强台风"菲特"给浙江各地沉重一击，多地饱受洪涝之苦。宁波余姚市遭受了百年一遇的强降雨，导致城区大范围积水，交通基本中断，学校停课，工厂停工，许多人陷入无水、无电、无粮的困境之中……"菲特"来袭后，星艺装饰余姚分公司工程部所在地一楼全被积水淹没，星艺员工及家属大小共 21 人被困二楼，在孤立无援的紧急情况下，余姚星艺人临危不惧，自制"星艺号"小舟和外界取得联络，最终逃离困境。

10 月 6 日

　　晚上，大雨下个不停，提前收到"菲特"将要来临的短信通知，当时我们并没太在意，甚至很多人天真地认为台风如往常一样只是路过这个城市，下一阵雨就会过去……

10 月 7 日

　　沉浸在睡梦中的我，一大早便被一阵吵嚷声惊醒了，依稀听见大伙在说"车子要被水泡了"，从床上翻起来，走到窗前掀开窗帘一看，外面一片汪洋。来不及再思考，我披了件外套便直冲楼下。此时外面的洪水已经有二三十厘米，公司的工程车快被淹到排气管了……大雨一直下，水很快就从院子里涌进一楼的房间。正当我们庆幸车安全时，水不但没有往下退，反而又上升了三四厘米。大伙儿一商量，每人集资 30 元，和刘经理、项目监理余清元、陈思策四人去超市买了些泡面、炒饭等。刚买完就停电了，那时超市里的蜡烛已经卖光了。

灾区现场

突然电闪雷鸣，一片昏暗，路上停满了在行驶过程中熄火的车辆，和一个个水中艰难行走的路人……本来几分钟便可到的路程，我们几人摸索着走了一个多小时……

10 月 8 日

今天早上 7 时，我被孩子们哭闹的声音吵醒。当时，收到了一条停水的通知，我赶紧起来，把正在睡觉的同事也一同喊醒，把能装水的物件都拿来储水，以免停水无法做饭。为了节省一些食物，大家决定早上吃一顿面，傍晚再吃一顿饭。晚饭是用昨天早上买的菜凑合的，平时觉得很一般的饭菜，此时却觉得格外的香，犹如盛宴……

10 月 9 日

今天，水位又上升了大概四十厘米，大家的手机都快没电了，且信号十分微弱。渐渐地，我们跟外界基本失去联系，整个余姚的交通瘫痪，食物也所剩无几。这时，大家都有些着急了。

上午 9 时许，正当大家一脸茫然的时候，余清元一直喃喃自语："不行，这样下去不

灾区现场

是办法，想个办法出去才行……"过了半
晌，在二楼的我们看见他笨拙地划着用防
潮棉和不锈钢架做的非常简易的小船，顿
时大家都乐了起来，称赞他足智多谋。后
来李江宁、邰工、聂工、小江、陈工又做
了两只这样的船，划着船出去找食物了。

　　下午 2 时 30 分，远远看见归来的星
艺小船队，大家欢呼起来，仿佛他们带回
了生的希望。去宁波学习的夏敏经理打电

灾区现场

话来，说他的车在返回时熄火，被困在半路了。夏经理无比焦急，不停地发微信和打电话询
问我们的状况，一直担心我们的安危……

10 月 10 日

　　今天早上，大雨停了。大概下午 3 时，水位退了四十厘米，夏经理的哥哥听说我们这边
的情况，去宁波把一脸倦意的夏经理带了回来，也为我们带来了蔬菜、肉类等食物，还有一
台发电机。他们一放下东西便又赶回去了，一刻都没有歇息……

10 月 11 日

　　上午 9 时，几个志愿者为我们送来了面包和饼干。路上都是解放军，他们正为解救灾民
和给灾区的人民运送食物而忙碌着。下午 3 时左右，水位还有三十多厘米。夏经理带领大家
一起清理一楼的垃圾和仓库里被淹过的废弃材料……

10 月 12 日

　　天气很好，风和日丽，洪水退得差不多了。早上，夏经理在大家还没起床时便一个人到
业务部去清理淤泥和垃圾了。我起来后，看到楼下一片狼藉，散发着阵阵恶臭。大家一起努
力忙活了一整天，终于把一楼的地面和墙面清洗干净了。下午，夏经理又带领我们四个业务

部的同事到公司清洗了满地的黄泥，把浸湿的桌布洗净。一整天下来，虽然胳膊有些酸，却也不觉得累，因为大家在一起有欢笑……

10 月 13 日

洪水大面积退去了，通信信号基本恢复。街上，一队一队的人民子弟兵手拿扫把，唱着军歌，清理街上的垃圾。他们的辛勤劳动和无私奉献，让这个到处散发着恶臭的城市重新变回干净的面貌。看着他们整齐的队伍，听着他们的歌声，这一刻我对他们多了些敬意。

在这里我想说：余姚星艺人真心感谢全国各地公司关心我们的朋友们，感谢临海的兄弟单位为我们送来帮助和温暖，感谢一个个陌生而熟悉的志愿者，感谢奋战在抗洪抢险第一线的人民子弟兵，谢谢你们！

（2013 年 10 月 15 日）

人间自有真情在
——柳州公司爱心募捐活动

文 / 星编
摄影 / 星艺

　　2010 年 11 月 5 日，柳州市《南国今报》在头版头条用长篇文字内容和图片报道了柳州市郊牛车坪村六岁艾滋孤儿阿龙（2010 年 11 月 5 日《6 岁艾滋孤儿阿龙的寂寞人生：独自快乐 独自悲伤》），引起了星艺装饰柳州公司全体员工的关注。

　　一个人的家，一个人做饭，一个人睡觉，一个人洗衣服……"一个"这个字眼，成了公司员工交谈的重点。与此同时，公司派人去实际调查，柳州公司旋即开展了"人间自有真情在，爱心捐献暖人心"的募捐活动。

　　阿龙，一个六岁艾滋病孤儿，父母去世后，整个家就剩下他一个人。和阿龙比较亲近的只有 84 岁的奶奶和与他相依为命的小狗"老黑"。奶奶时常来看他，但不是每天都来。

　　一个六岁的孩子是怎样生活的，真是无法想象。在媒体报道阿龙的故事后，星艺装饰柳州公司全体员工为之动容，纷纷解囊捐款。捐款后，我们到阿龙的村子和家里了解情况。5 日当天，我独自一人来到马鹿山，经过多方询问终于找到了阿龙的家。阿龙一个人靠在门框上，"老黑"围着他转着。我参观了他的家里，简陋的房子，简陋的摆设——"一个人的家"，这就是阿龙一个人的家啊！他的境地竟如此艰难，当时我的心情真是无法用语言表达。

　　和阿龙交流后，我又仔细看了一下阿龙家的摆设，看他缺少的东西。与阿龙交谈时他的

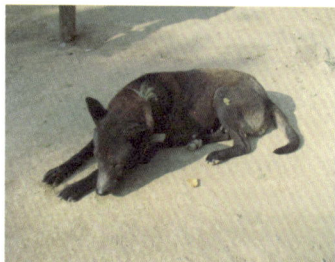

阿龙的"家"

话语是那样简洁干脆，听他说话根本就不像是一个六岁小孩，阿龙真是太坚强了，我们被他的精神所折服。

第二天上班，我给大家详细说了一下阿龙的情况，我们列了一个详细的购物单，有生活用品、学习用品、娱乐用品等，公司也进行了详细的分工，安排人员分头去购买东西。

8日下午，我们带上为阿龙购买的物品一起去看望阿龙，简单的分工后我们开始在阿龙家忙碌起来，有为他安装书桌的，接电线的，装灯管的，打扫卫生的，教阿龙学习看书的……安装基本完成后，有同事与阿龙玩起了足球，他的笑容是那么可爱，玩起足球来全神贯注，似乎忘记了所有。这时，我又想起了那首歌："只要人人都献出一点爱，世界将变成美好的人间……"也就在那一刻，我们全体商议决定对阿龙进行长期的资助。

据统计，中国有约84万艾滋病毒感染者，更可怕的是，这个数字每天都在增长。生活在同一片土地上，既然我们谁也不可能离开同类而独自生存，就让我们多多关爱他们吧！我们一个微笑的表情，一个温暖的眼神，一句理解鼓励的话，或许都会带给他们无穷的力量，促使他们与社会和睦相处，积极配合治疗，并在控制艾滋病传播中发挥积极作用。阿龙的遭遇是不幸的，但是现在阿龙的周围有许许多多的关爱者，他不是孤独一人……我们相信：关爱他们，就是关爱我们自己。

（2010年11月8日）

星艺装饰携手中国银行传递爱心，情暖黎平县尚重民族中学

文 / 星编
摄影 / 星艺

2013 年 12 月 7 日早 6 时，天还没有亮，伴着昏黄的路灯，带着关怀与问候，星艺装饰贵州分公司与中国银行贵州分行爱心人士一行九人搭乘一辆装满学习体育用品的"爱心专车"直奔黎平县尚重民族中学，准备开展"情暖贵州，爱心传递"图书文具捐助活动，向该校贫困学生捐助图书、文具，并了解这些贫困学生在校的学习表现。

据贵州子公司黄建淼总经理介绍，2013 年 10 月 19 日至 20 日，星艺装饰贵州公司隆重举行第九届家装设计文化节，为彰显公司"担当、责任、大爱"的企业文化，在此次家装设计文化节现场，特设"有爱，有家，有星艺——感谢有你爱心捐

捐赠仪式

赠活动"。凡签约客户，公司以客户名义捐赠 20 元，用于购置贵州贫困地区孩子的冬衣，让他们能温暖过冬。

为期两天的家装设计文化节共签约客户 80 余户，获得爱心捐款 1 600 余元。员工又自发捐款 10 000 余元，加上贵州公司专属捐款，共募集了 30 000 余元爱心款。后经贵州公司

爱心人士合影留念

与中国银行联系，确定黎平县尚重民族中学为此次爱心活动捐赠点。根据尚重民族中学的建议，此次爱心捐款将全部用于学习体育用品的购置。

黎平县尚重镇位于贵州省黔东南苗族侗族自治州，为贵州省一类贫困乡镇。尚重民族中学距县城 100 公里，建于 1974 年，现有 22 个教学班，在校初中生 1 262 名。

12 月 7 日下午，经过七个多小时的路程颠簸，爱心团队终于抵达黎平县尚重民族中学。在捐赠仪式上，贵州公司黄建森总经理鼓励孩子们好好学习，通过自己的努力去实现梦想，长大后成为国家的栋梁之材，并衷心祝愿孩子们在明年的中考中取得优异成绩。他希望带来的学习体育用品能真正帮助到孩子们，同时也希望孩子们好好锻炼，有个好身体。随后，尚重镇领导及尚重民族中学领导分别发言，感谢星艺装饰和中国银行的爱心行动，并寄语孩子们刻苦学习，以优异成绩回报社会，回报爱心人士。

（2013 年 12 月 8 日）

星艺装饰捐款 10 万元资助川农大 5 名 "4·20" 芦山地震受灾学生

文 / 星编
摄影 / 星艺

近日，广东星艺装饰集团股份有限公司 "4·20" 地震爱心捐赠仪式在四川农业大学逸夫楼第二会议室举行。四川农业大学学工部部长、学生处处长李武生，学生处副处长冷军，受助学生所在学院负责人，以及星艺装饰雅安公司全启贵经理出席签字仪式。签字仪式由四川农业大学冷军副处长主持。

捐赠仪式会议现场

签字仪式上，雅安公司全启贵经理代表星艺装饰与李武生处长以及 5 名 "4·20" 芦山地震灾区受助学生完成三方协议书的签订。根据协议，星艺装饰资助学生共计约 10 万元学费，提供实习机会，并鼓励学生积极参与星艺装饰公益活动。同时，星艺装饰和四川农业大学对受助学子给予深切寄望，希望他们勤奋学习，感恩父母，传承爱心，服务社会。

（2014 年 3 月 4 日）

青春助学，点亮希望

文 / 星编
摄影 / 星艺

  2014 年 10 月 29 日上午，在共青团南宁市委、南宁市希望工程办公室的牵头下，星艺装饰广西分公司走进上林县木山乡那良小学，开展了"爱心点燃希望"捐资助学活动。

  那良小学地处偏僻，在校多为留守儿童，而且部分家庭贫困。近年来，教育资源整合以及集中办学等举措，使得山村孩子在交通、住宿、伙食等方面诸多不便，从而也加大了贫困家庭的负担。星艺装饰了解情况后，捐资购买了教学、体育用品及科普图书等，帮助完善那良小学的教育教学设施，并为 20 名品学兼优的贫困学生送上助学金，帮助特困生们改善学习和生活条件，鼓励他们拼搏上进，努力完成学业。

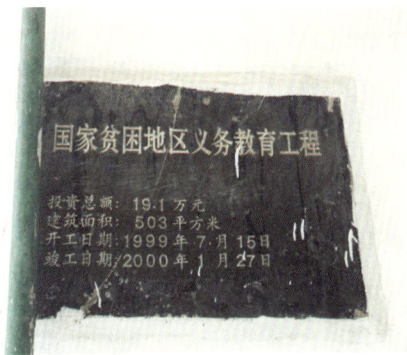

助学活动现场

南宁市希望工程办公室主任邓华宗高度赞扬了星艺装饰的捐赠行为，并对星艺装饰爱心助学组为孩子和老师们准备的众多礼物表示敬意和感谢。

在捐赠仪式上，广西分公司徐橘总经理说："助学帮扶，是我们民族的传统美德。回报社会，是我们星艺人秉承的社会责任。"同时，星艺装饰还特意为10月生日的小朋友们举办生日会，点燃生日蜡烛，唱响生日歌，小寿星们在阳光下许下心愿，绽开幸福的笑容。

当天，共青团南宁市委、南宁市希望工程办公室与星艺爱心助学组在木山乡刘盈乡长的带领下，来到两位特困学生家里，看望学生家人并送上了慰问品及慰问金。

星艺爱心助学组在那良小学

（2014年10月30日）

星艺装饰天河设计中心党支部
开展爱心助学活动

文 / 刘婧
摄影 / 星艺

> 在中国有这样一个群体：他们的父母为了生计外出打工，而他们却留在了农村家里，与父母相伴的时间微乎其微。这些本应是父母掌上明珠的儿童集中起来便成了一个特殊的弱势群体——留守儿童。居住在农村的留守儿童，占据了这个群体的大半比例。

为给留守在家的孩子们送去温馨的祝福，2015 年 7 月 11 日至 12 日，星艺装饰天河设计中心党支部连同"心心之家"和启德教育，共同组织开启了一次为期两天的连南三排龙翔小学助学之旅。

这是暑假的第一天，而龙翔小学的孩子们却返回了学校，等待着一些远道而来的"大朋友们"。当车行驶到村口，志愿者们提着要送给孩子们的礼物，沿着长长的村道走向学校，爱心之旅从此开始。

经过问候和交流之后，爱心助学"兴趣组"的志愿者为孩子们带来了新奇好玩的手工劳作体验以及生动实用的暑期安全教育。与此同时，"物资组"的志愿者则在操场上争分夺秒地紧张工作着：拆包、点算、堆放，有条不紊地整理物资。而由星艺装饰党员组成的"美术组"，则开始美化学校的楼梯间，开始做墙身平整和扇灰的准备，虽然每个人都汗流浃背，

爱心助学组在龙翔小学合影

头上蒙上了一层厚厚的白灰，脸上却始终挂着甜甜的笑容。

午后，暑热渐渐退去，在校长致辞后，举行了简短的捐赠仪式。堆积如山的礼物引起了孩子们极大的兴趣，他们一时有些按捺不住兴奋的心情。这一天的活动在欢乐的游戏中结束，孩子们通过游戏赢得了自己喜爱的奖品。

第二天，由星艺装饰郭晓华设计总监亲自带队，星艺党员志愿为学校的楼梯通道绘制上美丽的图案，让孩子们在暑期结束后，能拥有一个焕然一新的学

设计师美化学校楼梯间

习环境。拾级而上，一幅幅漂亮的国学漫画装点其中，精美的画作，经典的语录，让学校的文化氛围有了极大的提升。在阳光的照耀下，志愿者们脸上的汗水被镀上一层闪亮的金色，这一刻，一切的辛苦都变得有价值了。除此之外，星艺装饰的党员志愿者们还带去了一百套精美的文具套装，也为孩子们的学习生活再增添了些许色彩。

这次助学活动，是星艺装饰天河设计中心党支部特色党务活动的一次预热活动，在未来的工作中，天河设计中心党支部将会提倡并投身更多有意义的公益活动，以自身行动感染他人，将公益之火传递到公司的每一个部门，每一个员工。

（2015 年 7 月 13 日）

爱相随

让爱心温暖每一天

文 / 星编
摄影 / 星艺

欢乐过冬至

2010 年 12 月 22 日下午，惠州市港惠新天地五楼彩灯闪烁，洋溢着节日的气氛。由惠州市文学艺术界联合会、东江时报社主办的"团团圆圆包饺子吃萝卜粄"暖冬公益活动拉开了帷幕。

惠州市慈善总会副秘书长曾焕天，东江时报社首席记者何运平，惠州市作家协会副主席、一窗灯火艺术团团长黄伟辉，广东星艺装饰集团惠州公司总经理助理秦建新，惠州市红黄蓝早期教育机构张雪英园长等领导和嘉宾参加了本次公益活动，并与惠州综合福利院的孩子们、孤寡老人以及志愿者等 100 余人一起过了一个暖融融的冬至。

　　暖冬公益活动现场洋溢着一股浓浓爱意。本次活动最吸引人的还是包饺子活动。惠州公司总经理助理秦建新，客服部赖艳丹，设计师刘芳，龚霞及市场部郑小花与数十名志愿者一起包饺子、品萝卜粄，并现场教孩子们包饺子。开始时，孩子们还有些害羞，但很快就加入

嘉宾与孩子合影

其中。一个，两个；歪的，正的……在学包饺子过程中，一百双手就包出一百种饺子。不过，孩子们在包饺子的过程中与热心市民打成一片，有说有笑。饺子包好了，马上下锅，没多久，热腾腾的饺子就端上桌，让人口馋不已。孩子们一边品味劳动成果，一边欣赏歌舞和电影，热闹开心地度过了这一天。

（2010 年 12 月 23 日）

回报社会，做有社会责任感的企业

文 / 星编
摄影 / 星艺

7月23日，星艺装饰大同公司经理余方一行来到大同市三医院看望农村白血病少年，并捐助了1万元，为这个贫困家庭增添了一份希望。余方经理鼓励患者要坚强面对病魔，积极配合治疗，并安慰家属要相信社会的力量，大家共同伸出援助之手，定能解决困难，希望此次捐助能够带动社会其他力量伸出援手。

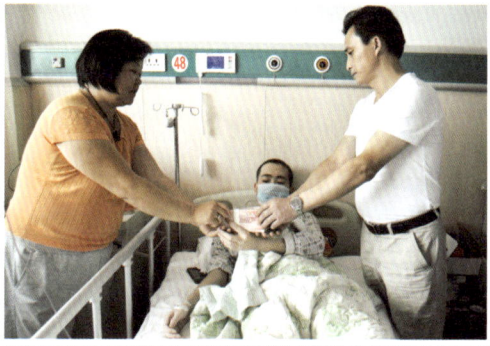

余方看望病人

《大同晚报》对本次捐助跟踪报道后，社会各界爱心人士纷纷解囊相助，以不同的方式表达心意，让患者及其家属感动不已。

星艺装饰进驻大同以来，公司一直秉承"奉献幸福，经营大爱"的经营理念，热情投身于当地社会慈善公益事业，在提高公司知名度的同时，提高公司的美誉度，为社会创造价值，为员工创造发展空间，为股东创造利润，全方位体现出企业的社会责任感。

（2012 年 7 月 23 日）

德行千里　爱传万家

文 / 星编
摄影 / 星艺

　　由星艺装饰安徽分公司精心策划并举办的"大爱中国行——感恩安徽　捐资助学"系列活动，从 2012 年 7 月开始分别在合肥、滁州、宿州、阜阳、黄山、蚌埠、淮北等地举办，得到了社会各界的高度评价。

　　此系列活动是星艺装饰秉承"经营大爱，奉献幸福"的经营理论，向当地政府慈善机构申报，得到主流媒体的大力支持，并邀请数十家名优建材品牌参加的大型慈善活动。活动期

"大爱中国行——感恩安徽　捐资助学"活动现场

间销售门票及现场义捐所得款项，通过当地政府慈善机构全部捐赠给贫困学生。此次活动，星艺装饰联合数十家知名品牌的建材商，共同推出超低价优惠，让客户不仅享受一站式便捷服务，也实实在在享受到极大的优惠价格，在装修的同时，还奉献了自己的爱心。当地主流媒体全程跟踪报道，极大地提高了星艺装饰的知名度。

活动现场气氛非常活跃，星艺员工与合作商家员工纷纷慷慨解囊，捐出自己的一份爱心，捐赠款额达十几万元。安徽当地媒体《市场星报》《新安晚报》《扬子晚报》及安徽电视台生活频道等纷纷报道了此次活动。"同样是装饰公司，星艺装饰具有社会责任感，在经营事业的同时，奉献幸福，有爱有责任。"此次"大爱中

"大爱中国行——感恩安徽 捐资助学"活动现场

国行——感恩安徽 捐资助学"系列活动，不仅为社会创造了价值，为公司创造了利润，也提升了星艺装饰的品牌知名度和美誉度。

（2012 年 9 月 23 日）

爱心捐款情暖患病老员工

文 / 星编

近日，一笔饱含着星艺装饰安徽分公司全体员工盈盈爱心和无限祝福的捐款送到正在医院治疗的员工刘振国手中，身患重病入不敷出的他收到爱心款感激不已。他说，大家的爱心，给了他莫大的勇气，他一定会用坚强的意志战胜病魔，争取早日回到工作岗位，不辜负领导和同事的爱心和帮助。

刘振国是一位在星艺装饰服务了十几年的老员工。2011年，他不幸身患恶疾，身体每况愈下，直至离开工作岗位。在患病至今两年多的时间里，他一直住院治疗，现已花去20余万元医药费。昂贵的治疗费用让他难以承受，已到了不能支付正常治疗需要的医疗费用的境地。

得知这个不幸的消息，星艺装饰安徽分公司发起了爱心捐助倡议，号召全体员工自愿捐助。倡议一发出，立即得到安徽分公司领导和员工的积极响应，大家纷纷慷慨解囊，自觉自愿地献出爱心，很快就筹得27 800元的爱心救助款，为刘振国送去了温暖，送去了爱心。

（2013年8月27日）

捐资助学，传递关爱

文 / 星编
摄影 / 星艺

"感谢星艺装饰的关怀和援助，让我能够顺利地走进大学学习……"2013年9月30日，星艺装饰潮州公司收到员工卓才生的女儿从学校寄来的感谢信。据了解，员工卓才生的女儿考上大学后，家庭经济比较困难，潮州公司得知情况后马上向集团爱心互助会申请了4 000元助学金，资助她走向梦寐以求的大学校园。

潮州星艺捐资助学

接到助学金后，卓才生非常感动。他说，这笔钱对他和女儿来说无疑是雪中送炭，他十分感激公司对他以及家人的关心和帮助。今后，他会以更加饱满的热情和更加积极的行动投入工作，为幸福的星艺大家庭贡献自己的力量。

潮州公司负责人卢铸表示："员工是企业大家庭中的一员，星艺装饰资助员工子女上学一方面是对员工的关怀，另一方面是鼓励员工子女好学上进，希望他们将来能成为对国家和社会有用的人才。"

（2013 年 10 月 1 日）

齐心协力，应战"威马逊"

文 / 星编
摄影 / 星艺

2014年7月18日，1973年以来登陆华南的最强台风"威马逊"挟风带雨，肆虐海南省。海南地区受到了前所未有的冲击，供电、通信等基础设施受到严重破坏，文昌更是遭受重创。7月23日下午，星艺装饰琼海公司员工顶着烈日赶赴超强台风"威马逊"肆虐后的重灾区文昌市翁田镇罗豆农场，为灾区人民送去他们所募集到的价值15 000元的矿泉水、方便面、蚊香、大米等救灾物资，并直接送到每位急需救助的灾民手中，为灾区人民重建家园尽绵薄之力，用实际行动帮助灾区渡过难关。

（2014年7月23日）

琼海星艺应战
"威马逊"

爱相随

"星"动了，就会有"奇迹"

文／星编

星艺，爱一直"在线"！

有爱，有家，有星艺！这不是一句空洞的口号，这是星艺人践行大爱的誓言！

爱是什么？爱是一双温暖的手，爱是一颗滚烫的心，爱是不能没有你，爱是我们在一起。我虽不认识你，但我时时刻刻在关心你，分分秒秒在牵挂你。

星艺·爱，在这里凝聚。爱心接力，让温暖传递。

2014年，星艺装饰秦皇岛公司设计师张子涵一家三口发生车祸，集团第一时间通过微信、微博发出爱心倡议，呼吁星艺人奉献爱心，积极帮助张工一家渡过难关。

集团爱心呼吁发出后，星艺装饰全国各公司积极响应，组织员工捐款，奉献爱心。与此同时，星艺装饰全国客户朋友以及社会各界同仁纷纷慷慨解囊，爱心接力，传递温暖。

2014年11月17日，经过院方多日的努力，张子涵在全体星艺人的关爱与期盼中，由ICU（重症监护室）转至普通病房，继续接受治疗。庆幸的是，他已经脱离危险，身体正在慢慢康复中。

12月初，笔者致电秦皇岛公司胡久亮经理得知，张子涵还在医院接受治疗，病情逐渐好转，具体出院时间仍待定。

一场突如其来的车祸，考验了一个家庭的承受力，牵动了大家的心，也验证了一个集体的爱心凝聚力。星艺·爱，在这里凝聚。

"星"动了，就会有奇迹。近日，张子涵身体康复并走出医院，为感谢全国星艺人的爱心和帮助，还发来了感谢信。

感谢信

时间过得飞快，转眼间我已经离开医院四个多月了。而那段在医院的日子就像是一场噩梦，一直存留在我的脑海中。

2014年11月5日19时，这是我一辈子也难以忘记的时间点。在下班开车回家的路上，由肺炎而引发的突然昏厥，导致我对方向盘失去了控制能力，进而引发了我们一家三口的严重车祸。幸好在最危急的时刻，我们遇到了好心人周大哥，他及时把我们送到位于市中心的人民医院，让我们得到了最及时的救治。但是，由于两次强烈的撞击，我的身体出现了严重的肺破裂和肺内大出血。经过医生一天一夜的抢救，我才从死神的手里逃脱。

我醒来的时候，已经是发生车祸的第三天下午了，但仍需住在ICU留待观察。当我从死亡线上逃过一劫醒过来时，我才知道，公司的两位领导胡总和夏总监（胡久亮和夏文彬）一直守护着我，等待着我苏醒的消息。让我更感动的是，我的情况得到了集团的高度关注，余敏总裁号召全国各单位的兄弟姐妹为我募集了极为宝贵的治疗费用，让我没有后顾之忧，安心养病。公司领导还通过各种方式给予我最大的鼓励与支持，让我在面对这场突如其来的变故时，增加了几分信心与坚强。

在人的一生中，可能会经历许多事，遇到许多人，也可能会有许多份工作，有许多的同事。但绝不会每一件事都惊心动魄，每一个人都让你刻骨铭心，每一个举动都让你心存感激。但是，自从我加入秦皇岛星艺这个集体中，得到的不只是一份工作上的历练，更多的是集体无时无刻的关怀与支持。有一种关爱叫家人，有一种情感叫归属。在困难面前不会倒下，因为有星艺的家人们与我一起面对。

在这里，我再次感谢集团及各分公司的领导和同仁们的关爱与扶持，唯有以更敬业和更专业的态度服务好公司的每一位客户，才能回报给我可爱的星艺家人们。谢谢你们！

秦皇岛公司　张子涵

2015年7月15日

（2015年7月20日）

爱心慰问，传递温暖，关爱特殊群体

文 / 星编
摄影 / 星艺

为了给海口市秀英区 70 多名老人、残障人士等特殊群体送去关怀和温暖，9 月 19 日上午，海口市共青团秀英区委员会、秀英区残疾人联合会携手星艺装饰海南分公司、海南慈爱慈心义工社等多家爱心单位共 80 多名爱心志愿者来到海口市皮防康复小区，共同开展"青春助力·情满中秋"关爱特殊群体

志愿者与老人合影

志愿服务活动，为这些老人送去中秋节的祝福与慰问，努力营造健康和谐的社会风尚。

活动现场，星艺志愿者有搀扶着老人晒太阳、活动手脚的，有为他们仔细地修剪头发、剪指甲的，有帮忙打扫卫生的……大家像陪伴亲人一般共同度过了午后的悠悠时光。一个个移动的"小红帽"，形成了一道亮丽的风景线。

海口市共青团秀英区委员会和秀英区残疾人联合会理事长郑学白表示，星艺的爱心，给了我们支持和鼓励，也让我们真切地感受一个企业的社会责任。今后还将继续发动社会各界力量关爱特殊群体，让他们不光得到物质上的慰问，更能得到心灵上的慰藉。

（2015 年 9 月 20 日）

发起"月印万川"慈善活动，
寻找贵州贫困学生

文 / 星编
摄影 / 星艺

　　2015 年 10 月 18 日，星艺装饰贵州分公司发起了"寻找贵州贫困学生"活动，寻找贵州山区因家庭贫困不能上学或者无人照顾的学生，希望通过星艺人多力量大的优势，资助至少 20 名贫困学生顺利完成学业。

　　据了解，此次活动起因于贵州分公司黄建淼总经理偶然结识了"月印万川"慈善群的创始人

贵州贫困学生

欧阳桢人，欧阳教授决定将星艺装饰贵州分公司设为"月印万川"慈善群在贵州的前线捐助执行团队，希望借助星艺装饰在贵州九大城市的规模优势，来寻找山区贫困学生，由星艺人直接将善款善物交到贫困学生手中，以帮助到真正需要资助的学生。

　　据了解，"月印万川"慈善群是一个援助中国西部贫困学龄儿童的民间慈善微信平台，由武汉大学国学院教授欧阳桢人发起成立，其宗旨是"纯净慈善，净化灵魂，立足草根，月印万川"。迄今为止，平台成员已达 150 余人。由于贵州星艺的加入，"月印万川"目前已

成立起两支专门对口新疆和贵州贫困学龄儿童的前线捐助执行团队，也将进一步拓展中国西部援助的对象和地区。贵州星艺人正在极力寻找真实且符合条件的资助对象，组织募集善款善物，将爱心遍及贵州的各大地州山区。

（2015 年 10 月 22 日）

"幸福中国行"春节送温暖活动
走进千家万户

文 / 星编
摄影 / 星艺

在 2010 年新春佳节来临之际，星艺装饰自贡公司举行了星艺装饰"幸福中国行"春节送温暖活动。为了让所在辖区的困难群众能过上一个祥和、喜庆的春节，自贡市高新区管委会相关部门牵线搭桥，为自发"送温暖献爱心"的企业提供平台，星艺装饰自贡公司第一时间积极响应，把温暖和爱心送进了千家万户。

爱心礼物

"感谢党和政府的关心，感谢企业为我们困难群众送来温暖。"一位汇东新区交通苑的社区居民双眼湿润，紧紧地握住前去送温暖同志的手，感激之情溢于言表。

2 月 1 日上午，汇东新区丹桂街道办事处暖意融融，星艺装饰自贡公司员工在总经理柯昌平的带领下，扛着大米、食用油和棉被，为汇东高新区辖区丹桂街、学苑街、板仓街和红旗乡的城乡困难群众送去了温暖。

"新年就要到了，'送温暖献爱心'也是企业的一种社会责任，我们义不容辞……"星

柯昌平经理将礼物送给群众

现场接受媒体采访

艺装饰自贡公司总经理柯昌平亲手把一床棉被送到一位社区居民的手中时如此深情地说。在活动现场，柯经理代表星艺全体员工做了简短的慰问讲话，收获了社区内居民的阵阵掌声，气氛非常热烈。

星艺装饰自贡公司积极参加此次"幸福中国行"春节送温暖活动，体现了公司对社区内贫困群众的关心和关爱。在政府牵线搭桥的推动下，星艺装饰自贡公司慷慨解囊，把一份份爱心献给了社区困难群众，也赢得了政府和社区居民的一致好评。

（2010 年 2 月 2 日）

关爱孤寡老人，真情与爱同行

文 / 星编
摄影 / 星艺

　　2015年10月20日上午，海口市琼山区三门坡敬老院内欢声笑语、暖意融融。重阳节前夕，星艺装饰海南分公司积极响应政府"慈暖家人计划"，组织员工与海南慈爱慈心义工社的志愿者们一起走进敬老院，为孤寡老人送去爱心日用品、食品等。慰问团成员为老人们打扫房间、修剪指甲、理发，与老人促膝谈心、嘘寒问暖；为老人们烹饪饭菜，陪他们共进午餐，陪伴他们欢度重阳佳节。

准备爱心礼物

与老人欢度重阳佳节

（2015年10月20日）

爱相随

浓浓敬老情，寒冬送温暖

文 / 星编
摄影 / 星艺

爱心慰问，传递温暖。2015 年 12 月 19 日，星艺装饰南昌分公司代表团携主材合作商代表拜访了干休所的老人们，为他们送上问候和祝福。

干休所内，星艺家人们与老人们亲切交谈，仔细询问了老人们的生活情况，并代表星艺装饰全体员工送上亲切的问候和祝福。老人们的脸上都洋溢着欣喜的笑容。

南昌分公司负责人表示，希望通

拜访干休所老人

过这次活动，增强大家的责任感和使命感，同时呼吁更多的人关注老人生活。星艺装饰也会继续传递爱心接力棒，号召更多的志愿者加入这个爱的行列，给老人带来关爱、快乐和温暖，传递良好的社会风尚，为行业做表率，用实际行动奉献社会、回报社会。

（2015 年 12 月 20 日）

星艺开展爱心公益捐书活动

文 / 星编
摄影 / 星艺

2016 年 5 月 27 日下午，由星艺装饰琼海公司夏建民经理带领的 10 余名星艺员工，在大路镇青天小学开展了一场温馨的爱心公益捐书活动。活动当天，夏建民代表琼海公司向该校 110 名学生赠送了价值 5 000 元的书籍以及若干箱牛奶、饼干、糖果。

青天小学位于大路镇青天村和湖仔村的中间，由于农村教学点教学资源配置薄弱，孩子们平时能接触的课外书籍极少。在了解到孩子们课外读物缺乏、书籍不适合少儿年龄特点等情况后，夏建民经理组织琼海公司员工购买了漫画、童话故事、科普知识、历史故事、手工绘画等方面的书籍送给孩子们。

受助学生

琼海星艺爱心助学团合影

夏建民表示，给教学资源缺乏的孩子们送上新书，是非常有意义的公益活动，也是星艺装饰琼海公司对社会的一份义务和责任。同时，他也呼吁更多的企业积极参与这样的公益行动。

夏建民为学生们送上新书

（2016年5月28日）

星艺装饰情系剑河火灾，
第一时间奉献爱心

文 / 星编
摄影 / 星艺

2016 年 2 月 20 日下午 6 时许，贵州省黔东南苗族侗族自治州剑河县岑松镇温泉村发生火灾。据初步统计，寨火造成 120 人受灾，60 余栋房屋被烧毁。

听闻此消息后，凯里分公司宁归君经理第一时间带领员工向灾区传递爱心，贡献星艺人的一份力量。凯里分公司员工积极踊跃地捐款捐物，共筹得善款数千元，有员工甚至捐出家

凯里星艺员工在灾区合影

里的衣物和棉被。另外，黔东南州装饰协会携手星艺装饰向灾区捐赠了大量救灾物资，并进入灾区亲手将物资交给当地村主任，希望将这份点滴之爱汇成暖流流向灾区，帮助灾区同胞重建家园。

近年来，凯里分公司一直积极投身于慈善事业中，用实际行动来创造价值，回馈社会，得到当地各界的高度赞许。

（2016 年 2 月 21 日）

爱相随

众筹，吹响"众爱"集结号

文 / 星编
摄影 / 星艺

近日，"轻松筹"网络平台上出现的一则众筹消息，引起星艺人的广泛关注，求助者是星艺装饰陈江分公司设计总监张平。张平的夫人郭文梅于 2016 年 3 月 26 日因脚肿到陈江人民医院检查出肾炎后，4 月 1 日又因急性腹痛到惠州市第一人民医院检查治疗，才得知她患上了急性重症胰腺炎、胆囊内汁液郁积、肝功能异常、继发性腹膜炎、肾炎。

帮帮我的好朋友好闺密吧！好人会有好报的，谢谢大家

求救~至3月26号我老婆(小梅）因脚肿入陈江人民医院检查得得肾炎后，到4月1号又急性腹痛到惠州市第一人民医院检查治疗，得知她急性重症胰腺炎，胆囊内汁液郁积，肝功能易常，既发性腹膜炎，肾炎。因医院床有床位及清明节主要医生都放假，不想错过最佳治疗机会时间，不得已4月2号中午转院，现在江西九江市第一人民医院治疗，至今她未能晚一口饭未喝一口水，我备感焦虑，与无助，年纪尚轻的她幸福日子未过一天，这么多重大急病但要让她一人来承受，医生说病情随时危及生命，治疗费用也是普通家庭难已承受，[难过][难过]希望大家社会各界，亲戚朋友们，希望您能帮帮我，帮帮我们，你们小小的支持我们就治疗成功多一点机会，在次感谢[握手][握手]，希望小梅早日摆脱病魔，谢谢，谢谢，谢谢。

众筹网络截图

4 月 2 日，郭文梅转入江西九江市第一人民医院继续接受治疗。因病情较为严重，且治疗难度大，巨额的治疗费用一时让张平一家陷入恐慌，无计可施。

得知此消息后，集团董事长罗照球对其表示亲切关怀，并率先捐款，献上爱心。随后，余敏总裁在微信发出呼吁："扶危济困，救人危难是星艺人'经营大爱，奉献幸福'的企业文化的具体阐述。在惠州陈江张总监遇到困难时，我们应伸出援手，有钱出钱，有力出力……"

爱心呼吁发出后，得到了全国星艺人的积极响应。星艺装饰各单位立即吹响了爱心集结号，星艺员工们纷纷伸出援手，慷慨解囊，奉献大爱。

另外，通过爱心募捐信息转载和呼吁，"轻松筹"平台上也筹得了星艺人及社会爱心人士捐献的七万多元。截至发稿，郭文梅通过及时得当的治疗，已基本度过了危险期，但仍需留院观察。

爱心接力，传递温暖。星艺，爱一直"在线"。

（2016 年 4 月 10 日）

走进大西江，开展爱心助学活动

文 / 星编
摄影 / 星艺

2016 年 5 月 31 日，桂林市慈善事业会携手七家爱心企业走进大西江，开展爱心助学公益活动。早上 8 时，星艺装饰桂林分公司市场部全体人员在蒋京武经理的带领下，从龙湖大厦出发，前往位于桂林市全州县大西江镇的香林小学。

桂林分公司蒋京武经理表示，关爱儿童的成长是星艺人义不容辞的责任。每一位儿童都是祖国的花朵，希

桂林星艺走进大西江

望孩子们能在众人的帮助下逆风而行，迎难而上，努力学习，茁壮成长，成长为国家的栋梁。

在本次活动中，桂林分公司还为香林小学带来了几十吨的水泥及建筑物资，帮助香林小学改善教学环境。

（2016 年 6 月 1 日）

开展爱心公益活动，冬至送温暖

文 / 星编
摄影 / 星艺

　　2016 年 12 月 22 日，冬至。星艺装饰海南分公司和慈爱慈心义工社携手海口广播电视台综合频道《公益海南》栏目给海口市秀英区石山镇敬老院的孤寡老人们送去冬日温暖。志愿者们布置现场，营造节日气氛；询问老人们的身体、生活情况，送上帽子、袜子、毛巾等生活用品；调馅儿包饺子，陪老人们围坐共享午餐……敬老院内一片其乐融融。

　　"平常都是一个碗里面装菜又装饭，自己吃得都不香。现在大家一起坐一桌，虽然我没牙咬不动鸡肉，但是感觉回到以前在家过年的时候。"一位老婆婆动情地说。

海南星艺冬至送温暖

海南分公司活动负责人表示，多年来公司一直坚持"敢为人先，恪守勤俭，诚信正直，勇于奉献"的精神做装修、做公益，充分利用节假日采取适当形式，开展多种爱心公益活动，为推动社会公益事业的发展做力所能及的贡献。

（2016 年 12 月 22 日）

情系洪涝灾区，
用爱心筑起一面"暖墙"

文 / 星编
摄影 / 星艺

2016 年 6 月 30 日晚 7 时起，安庆市普降大到暴雨，局部地区大暴雨。截至 7 月 2 日下午 5 时，全市 240 个雨量监测站中有 200 个降雨量超过 100 毫米，所有大中型水库全部超汛限水位，桐城大沙河出现多处漫堤，造成全市 23.93 万人受灾，众多房屋被淹，良田被毁，多地饱受洪涝灾害。

7 月 7 日，在星艺装饰安庆分公司齐文经理带领下，星艺装饰安庆分公司员工和当地建材商家组成爱心团到达安庆怀宁三桥灾民集中地，捐赠大量日常生活用品，为灾民送温暖、献爱心。对此，齐文经理表示，希望将这点滴之爱汇成暖流，用我们的爱心筑起一面"暖墙"，为抗洪救灾贡献星艺人的一份力量，帮助灾区乡亲们早日渡过难关。

（2016 年 7 月 8 日）

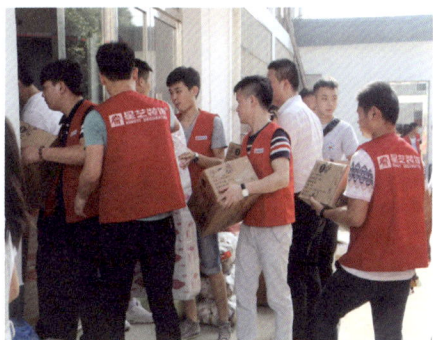

安庆星艺为灾民送上慰问品

爱相随

30 袋大米，30 箱挂面，
为贫困孤寡老人送温暖

文 / 星编
摄影 / 星艺

2016 年 7 月 8 日，星艺装饰朔州公司联合朔州市烛光扶贫志愿者协会走进朔州市平鲁区下木角乡白殿沟村贫困家庭，为孤寡老人送温暖，献上星艺的爱心。

爱心慰问团在白殿沟村合影

　　据悉，本次精准扶贫活动主要是帮扶贫困户及 80 岁以上孤寡老人，由朔州市烛光扶贫志愿者协会提供 30 袋白面、1 000 多件衣服，星艺装饰朔州公司提供 30 袋大米、30 箱挂面。另外，泰康医院组织开展下乡义诊活动，免费为村民现场诊治，并提供医疗咨询服务和常用的药品。在联欢中，文化志愿者还为村民们献上了一场精彩的文艺演出。

志愿者们开展义诊活动

（2016 年 7 月 9 日）

走访工地，为一线工人送上夏日"清凉"

文 / 星编
摄影 / 星艺

自进入盛夏"三伏天"后，南京连日高温，酷暑难耐，可坚守在一线的星艺工人师傅不畏炎热，认真做好每一个环节的每一道工序，用他们的汗水确保工程顺利进行。2016 年 7 月 31

为一线工人夏日送"清凉"

日，由南京分公司工程部经理袁根林带领公司慰问小组走访南京星艺各个在建工地，向奋斗在高温一线的工人师傅送上"清凉"。

本次活动中，慰问小组为一线员工准备了矿泉水、藿香正气水、风油精、人丹等防暑降温物品，并提醒大家注意高温防暑工作，同时要注意安全施工，让员工们真真切切地感受到公司的关怀。

（2016 年 7 月 31 日）

洪水无情，星艺有爱

文 / 星编
摄影 / 星艺

2016 年 7 月 22 日，由星艺装饰南昌分公司员工组成的爱心慰问团走进南昌市幽蓝镇，为抗洪抢险的一线人员送上了矿泉水、方便面等物资，贡献星艺人的一份力量。

爱心慰问团合影

南昌分公司经理饶品龙表示，洪水无情，星艺有爱，在得知家乡受灾后，南昌分公司第一时间组织救灾募捐活动，希望能向灾区乡亲们贡献星艺人的一份绵薄之力，向奋斗在一线的抗洪人员致敬。

幽蓝镇党支部书记万金生说："星艺装饰此举不仅给抗洪抢险的一线干部群众送来了温暖，还鼓舞了士气，增强了大家安全度汛的信心，更进一步彰显了星艺装饰的企业责任与担当。"

搬运物资

（2016年7月22日）

浓浓敬老情，温暖老人心

文 / 星编
摄影 / 星艺

　　2016 年 7 月 22 日，由星艺装饰松江分公司联合"大海公益"组成的爱心慰问团走访看望了方松敬老院的老人们，为他们送上祝福和慰问。

　　敬老院内，中山街道蓝二舞蹈队、白云文艺沙龙队、平桥文艺队为老人们送上精彩的文艺表演。星艺员工与老人们亲切交流，并为每一位老人都送上毛巾、香皂、矿泉水等物品。

　　松江分公司爱心慰问团负责人表示，希望通过公益献爱心的活动，增强星艺人的社会责任感，同时，借此活动呼吁社会，让更多的人投身公益事业。

爱心慰问团走访方松敬老院

（2016年7月22日）

星艺爱心团走进敬老院
开展送温暖慰问活动

文 / 星编
摄影 / 星艺

爱心团与老人们合影

2016 年 8 月 10 日上午，在夏建民经理的带领下，由星艺装饰琼海公司 20 多名员工组成的爱心团到琼海万泉镇敬老院慰问孤寡老人，送去了大米、油、面包、牛奶、麦片等生活物品。在活动中，爱心团成员与老人们亲切交谈，并把爱心慰问品送到老人们的手上。一位老人感动地说："感谢你们，你们真是有心了。"

　　对此，夏建民经理表示，尊老爱幼是中华民族的传统美德，星艺装饰会一直关注社会弱势群体，以实际行动回馈社会，为社会贡献一份力量。

星艺爱心团打扫敬老院

（2016年8月10日）

爱相随

星艺装饰携手安顺15家爱心企业，
12万善款助40名贫困大学生圆梦

文 / 星编
摄影 / 星艺

捐款仪式现场

　　2016年8月24日下午，由安顺市妇女联合会、共青团安顺市委员会主办，星艺装饰安顺分公司联合15家建材商协办的"黔中聚爱，圆梦助学，我要上大学"助学活动捐款仪式

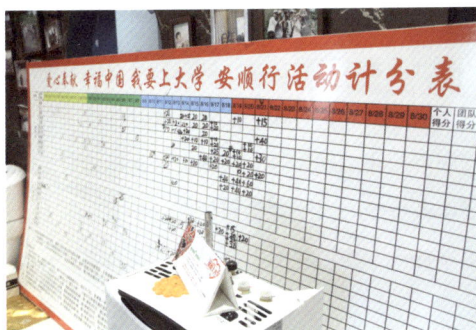

捐款仪式现场

在安顺市铂瑞兹酒店隆重举行，安顺市政协、安顺市妇联、安顺市团委主要领导出席捐助仪式。集团文化传媒中心郝峻总监、贵州分公司黄建森经理、安顺分公司王江为经理以及科勒卫浴、金意陶瓷砖、生活家巴洛克地板、TATA木门、志邦厨柜、皇派门窗、欧派衣柜、法狮龙吊顶、宏安暖通、阿里斯顿热水器、美居乐窗帘、唐朝楼梯、摩高家具、德国艾仕壁纸、铂瑞兹酒店等15家爱心企业负责人等近200人参加捐助仪式。本次活动共筹集12万元爱心助学金，按照每人3 000元的标准为安顺40名贫困大学生提供帮助。

在捐款仪式上，集团文化传媒中心郝峻总监作为爱心发起单位代表讲话。他表示，星艺装饰成长25年，始终秉承"客户赞许，员工依恋，社会尊重"的企业价值观，积极投身社会公益事业，践行企业的使命与责任，经营大爱，奉献幸福。星艺人通过绵薄之力，以实际行动回报社会，为社会出一份力。

捐赠爱心助学金

　　安顺市政协副主席梅世松对星艺装饰等爱心企业的大爱奉献精神给予高度赞许，同时对助学行动提出殷切期望，希望凝聚社会共识，积极开展聚力助学活动，助力精准扶贫，希望爱心承载希望，学子早日成才，鼓励大学生在学习生活中积极乐观，迎接挑战，自强不息。

　　郝峻总监代表爱心企业把捐款支票牌赠予安顺市妇联主席周蓉。在场贫困大学生代表接收爱心助学金。镇宁县的伍同学感动地说："感谢各位爱心人士对我们的支持与帮助，我们虽然出身寒，家庭暂时贫困，但我们不会向困难低头，我们将努力学习，不辜负各位爱心人士的支持，好好学习，回报社会。"

与受助大学生合影

（2016年8月25日）

爱心敬老，我们永不忘

文 / 星编
摄影 / 星艺

2016 年 8 月 28 日，由星艺装饰松江分公司联合"大海公益"组成的爱心慰问团走进车墩敬老院慰问老人，并为他们送上生活所需用品。

敬老院内，爱心慰问团特别策划了沪剧、越剧等精彩节目，深受老人们喜欢。志愿者对老人们嘘寒问暖，为他们按摩、喂饭，并为每一位老人送上爱心慰问用品。

（2016 年 8 月 28 日）

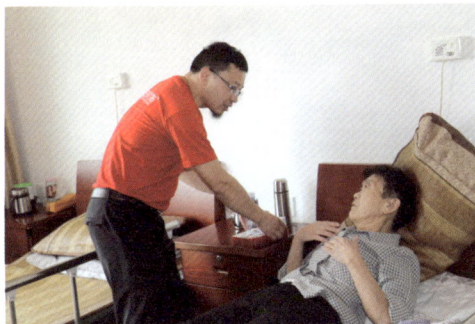

松江星艺慰问车墩敬老院

爱相随

敬老孝亲，情暖重阳，星艺在行动

文 / 星编
摄影 / 星艺

清远公司

2016 年 10 月 8 日，星艺装饰清远公司联合清远市彩虹志愿者协会开展"重阳敬老·关爱永久"慰问活动，向龙颈镇周边 9 个自然村的低保户、五保户、贫困户、残疾人和孤寡老人送上节日祝福和物资慰问。

由于住址分散，志愿者们分成三组，在当地镇团委、村干部的带领下，拿着大米、食用油等物资穿梭在山区乡村的小道上，把物品和慰问金挨家

敬老孝亲，星艺在行动

挨户送到 21 户低保户、五保户、残疾人和贫困家庭中。每到一处，志愿者们与孤寡老人亲切交谈，详细了解他们的身体和生活状况，并鼓励他们积极克服当前困难。

据了解，星艺装饰清远公司是清远市彩虹志愿者协会副会长单位，郭江经理是协会秘书长。多年以来，清远星艺携手彩虹志愿者协会多次开展敬老孝亲公益活动，以此体现星艺人

的社会责任，同时，呼吁社会各界爱心人士关爱弱势群体，共同推进和谐社会建设。

海口分公司

2016 年 10 月 8 日下午，星艺装饰海口分公司联合海口广播电视台综合频道《公益海南》栏目、海南慈爱慈心义工社、海口中山医院共 30 多名爱心志愿者来到东山镇敬老院，开展"2016 年慰问联合·情满重阳节"关爱孤寡老人志愿服务活动，为老人们送上重阳节的祝福与慰问。

在敬老院内，星艺志愿者们搀扶老人到海口中山医院志愿者医生处量血压、检查基本身体状况，并为他们仔细地修剪指甲、打扫房间卫生等，像亲人一样陪伴他们度过悠悠时光。

本次活动的星艺负责人表示，星艺装饰始终恪守"客户赞许，员工依恋，社会尊重"的企业核心价值观，自觉承担社会责任。海南星艺会将这份敬老爱老的传统延续下去，也希望此举能带动社会各界人士参与其中，为社会贡献更多的爱。

敬老孝亲，星艺在行动

贵阳分公司

10 月 9 日，星艺装饰贵阳分公司携手保利贵州置业集团举办的"九九相依，情暖夕阳"

敬老活动在保利公园北区会销中心隆重举办，为老人们送去了节日的关怀和问候。

活动安排了节日祝福歌曲献唱、怀旧歌名有奖竞猜、炫酷魔术表演、苗族民歌献唱、谜语有奖竞猜等节目。在晚宴环节，活动方还贴心地为几位在本月生日的老人准备了生日蛋糕，让他们在众人的祝福声中欢乐过生日。

敬老孝亲，星艺在行动

（2016年10月10日）

"星艺公益图书室"，为爱筑梦

文 / 星编
摄影 / 星艺

高尔基说："书籍是人类进步的阶梯。"作为一个城市的文化符号，公共图书馆，无私且公平地为大众提供知识补给。在遥远的乡村学校里，阅览室成为孩子们课业之余接触书籍最常去的地方。

2015 年 7 月，广东星艺装饰天河设计中心党支部的爱心助学活动拉开大幕。在龙翔助学活动中，党支部带领党员为农村留守儿童学校翻新校舍，带去了新奇的课程与礼物。2016 年 7 月，星艺装饰广州分公司响应集团党委的号召，在郭晓华同志的组织号召下，成立"星艺广州慈善基金会"，进一步推进了公司的爱心公益活动。

2016 年 10 月，天河设计中心党支部又有了新的举措——为从化麻村小学的 329 位孩子建立"星艺公益图书室"。本次爱心活动得到了星艺广州慈善基金会的鼎力支持，特别是慈善基金会会长柯志强个人捐献 1.5 万元。同时，在公司众多员工的积极参与和大力支持下，星艺公益图书室也获捐非常多的书籍。

10 月 30 日清晨，1 000 多册全新图书、200 多册捐赠书籍、整箱的文具与礼物，搭上星艺爱心大巴出发了。

活动现场

星艺的"图书室美化团队"最先到达麻村小学，第一时间为图书室"换新装"。集团党委委员郭晓华同志和支部委员游岳生同志带领设计部新生力量，工程部党支部何学华书记带领工程团队，经过一天的忙碌，让绿树、风车、草地、小动物及孩子们天真的笑脸，都在墙上逐渐显露出来。而这一刻，几位党员汗水直流，却露出了灿烂的笑容。

成立"星艺公益图书室"

    10 月 31 日，星艺装饰广州分公司经理柯志强和副经理刘亦萍、支部书记袁建华和何学华以及广州星艺各部门经理全员出动，汇聚到我们的爱心队伍之中。每一个班级都有星艺爱心团队的代课老师，为孩子们安排了多种互动游戏。寻宝游戏、蒙眼作画、夹气球、画鼻子……孩子们通过游戏，赢得了自己心仪的奖品。下午 3 时，参与活动的星艺家人与麻村小学全校师生在操场集合，对为期两天的"星艺公益图书室"活动进行总结。

    会上，麻村小学校长和从化区义务工作者协会领导对此次爱心活动给出高度赞扬。从化区义务工作者协会代表为星艺装饰广州分公司天河设计中心党支部颁发了感谢状。另外，麻村小学的学生代表们为星艺爱心团队的所有成员系上了鲜艳的红领巾。孩子们稚嫩的小脸上，写满了认真，红领巾在胸前飘扬，共产党员与少先队员相视微笑、热情握手。

    "爱心助朝阳，星艺筑栋梁。"星艺，爱永远"在线"。

助学团合影

（2016年11月1日）

爱相随

星艺开展"爱心下乡"公益活动

文 / 星编

2016 年 9 月 25 日上午，由星艺装饰扶绥公司党员组成的爱心公益小组走进广西扶绥县三哨村特困家庭，为他们奉献一片爱心。

活动当天，爱心公益小组不仅为特困家庭送去了大米、油、锅、被子、家用电器等生活用品，排除了家庭电路存在的隐患，还自带水泥、沙等建筑物资，帮助他们修复屋前不平整的台阶和破损的水池。

扶绥公司刘朝光经理表示，此次活动不仅加强了星艺装饰与当地人民群众的联系，真正做到了深入群众、与群众打成一片，还积极发扬了党的优秀精神。同时，他呼吁更多的人积极参与到公益行动中，帮助解决孩子的学习问题与老人的生活健康问题。

（2016 年 9 月 25 日）

积极参与"圆爱工程"，
关爱留守儿童

文 / 星编

　　2016 年 10 月 14 日，盘县团委在竹海镇老厂中学举行了"圆爱工程"——盘县关爱留守、困境儿童系列活动的启动仪式。在启动仪式上，星艺装饰红果公司作为家居行业领军企业由田宗泽经理带头捐款 2 万元作为盘县留守儿童、困境儿童活动驿站建设项目资金，这些资金将为留守儿童建设两个活动中心。秉承"客户赞许，员工依恋，社会尊重"的星艺文化理念，红果公司一直关注留守儿童的情况，希望通过捐赠切实帮助他们，为和谐社会贡献一份力量。

　　当地领导对以星艺装饰为代表的爱心企业表示了充分肯定，他们表示，爱心企业、爱心人士的积极行动，共同筹资、捐款，必将带动更大的社会力量参与到关爱留守儿童公益事业中来，必将极大地改善孩子们的学习、生活和成长环境。他们还表示，每一份爱心、每一笔捐款，都一定实实在在地用在留守儿童身上，资金使用和活动开展的过程，全程公开，欢迎大家监督。

　　红果公司田宗泽经理表示，本次活动只是起点，不是终点，他们将持续和相关部门合作，进一步加大关爱力度，在奉献爱心的路上绝不缺席。

（2016 年 10 月 14 日）

爱心助学，情暖贫困学子

文 / 星编

2016 年 12 月 29 日，雅安市爱心助学捐赠仪式在金泰宾馆会议室举行，星艺装饰雅安公司经理全启贵为五名小学至高中阶段的学生送上资助金，爱心助学，温暖人心。

在捐赠仪式上，全启贵对受助学生进行慰问，并承诺会负责他们一年的生活费和书本费。全启贵说："我来自农村，如今在有能力的情况下，希望通过自己的努力帮助更多有需要的人。希望受助同学勤奋学习，感恩父母，传递爱心，服务社会。"

（2016 年 12 月 29 日）